ワクワクを仕事に変える

「小さな商い」のはじめ方

人生が楽しくなる開業のすすめ

働き方多様化デザイナー

三宅 哲之 監修

はじめに

最初にことわっておきますが、本書は、一等地におしゃれなショップを構え、たくさんのスタッフを雇って売上を上げ、2号店、3号店を出していきたい、という人のための本ではありません。事業計画書の書き方や、銀行に融資をしてもらう方法も書いていません。

本書では、「自分の小さな商い」のつくり方を詳しく紹介していきます。価値観が多様化し、今は「個の時代」と言われています。大きなお店で十把一絡げのような商品やサービスを展開してもお客様の心をつかむことは難しくなっています。お客様一人ひとりとていねいに向き合える小さなお店、キラリと個性が光る小さな商いこそが脚光を浴びる時代です。

コロナ禍の影響も無視することはできません。外出規制やマスク規制が解かれ、アフターコロナの時代が始まりましたが、この数年間に世の中が大きく変わったと実感している人は多いと思います。リモートワークが一気に広がり、今まで「通勤しなければできない」と考えていた仕事の多くがリモートだけでもできることにみんなが気づきました。オンラインでもひと味違うコミュニケーションができることも実感しました。その一方で、リアルでの人とのふれあいが、どれほど貴重かということも思い知らされました。この感覚を、ぜひ忘れないでおいてほしいと思います。なぜなら、そこに商いのチャンスが隠れているからです。

コロナ禍で飲食店をはじめ、多くのリアルショップが大打撃を受けましたが、この間にオンラインでできることを追求し、新たな売り方やサービスを生み出したお店も少なくありません。動画配信などによる情報発信でファンを増やし、コロナにもめげず売上を伸ばしたところもあります。

オンラインショップやウェブサイトを簡単に始められるアプリも次々登場し、アイデアさえあれば、少ない資金で簡単に自分のお店を開いたり、宣伝をしたりすることができるようになりました。

資金調達の方法も多様化し、助成金や補助金、クラウドファンディングを利用すれば、銀行の融資がなくても開業できる可能性が広がっています。地方にUターンやIターンをして空き家を購入し、自治体の補助金やDIYでリノベーションをしてお店を開いた人もいます。

銀行から多額の借金をして、一等地にお店を開くだけが開業モデルではないのです。

このように、お店をつくる方法や商いのあり方は多様化し、しかも開業のハードルは低くなっています。本書を手に取ったあなたにはまず、固定概念をリセットしてあらゆる可能性を考えてほしいと思います。

そして次にしてほしいのは、「自分はなぜ、この商い（このお店）をやりたいのか」を自分に問い直すことです。

「今の会社が嫌だから」「もっとお金が稼ぎたいから」「自由になりたいから」

それも立派な理由かもしれませんが、それだけでは必ず行き詰まります。

たとえ小さなお店であっても継続し続けることは容易ではありません。どんな困難にぶつかっても揺らぐことなく商いを続けていくためには、しっかりとした「自分軸」をもつ必要があるのです。

自分軸をつくる際には、まずは「自分が幸せになること」を優先してください。そして「自分が好きなこと、ワクワク熱量」を商いの柱にしてください。決して「できること」の延長上から考えないことです。

「そう言われても、好きなことがわからない」「好きなことがお金になるとは思えない」と思うかもしれません。それも当然です。「自分のやりたいことはなにか、自分の根っこはなにか」＝「自分軸」を見つけることが、商いづくりプロセスの中でも一番難しいことだからです。そして、実はそれこそが、事業計画書づくりや資金調達よりもはるかに大事なことなのです。

それを本書で学んでいきましょう。

私自身は、46歳のときに独立してフリーエージェントアカデミー（以下ＦＡＡ。会社員をしながら「理想とする生き方」をつくっていきたいと考える中高年世代を応援するコミュニティ型スクール）をスタートし、今年で丸13年になります。この間、多くの卒業生たちが自分の商いをスタートさせ、今も元気に継続しています。商いにおいて一番大事なことは継続することです。

彼らが、なにを思って商いを始め、どんな準備をし、どんな苦労をして商いを継続し、そして人生を楽しんでいるのか。本書では、その人たちの体験談も紹介しています。そこから商いとはなにかを学び取っていただければ幸いです。

商いを始めるとは「素の自分」になることです。そのままの素直な気持ちを大切に、あなただけの小さなお店をもち、花開かせていくことを心より願っています。

三宅　哲之

ワクワクを仕事に変える「小さな商い」のはじめ方 人生がたのしくなる開業のすすめ

第3章 これをやるまでは開業してはいけない！

第4章 気になるお金のこと

第5章 私たち、こうして商いを育てました

好きなことで小さなお店を開くことのすすめ

自分のお店をもつってどういうこと？

自分の好きな世界を「お店」という形にする

お店をもつとはどういうことだと思いますか？　あなたはどんなお店をもちたいと思っていますか？

「おしゃれなカフェを開きたい」「こだわりの料理を提供するレストランを開きたい」「かわいい雑貨を売るお店を開きたい」「アロマテラピーのサロンを開きたい」などなど、いろいろな夢を描いていることと思います。

「自分のお店をもつ」とは、自分の好きな世界を「お店」というかたちにすること。そして、あなたの世界観に共感して集まってくれた人たちがお客様です。

お店でなにを売るか、どんなコンセプトのお店にするか、なにもかも自分で決めて、自分がやりたいように運営することができます。

責任はすべて自分ですが、やりがいもひとしおでしょう。

好きなことでお金を稼ぐ醍醐味はなにものにも代えがたい

しかし、成功する人ばかりではありません。中小企業庁の「小規模企業白書」によると、起業して5年後の企業生存率は81・7%。とくに厳しいのは飲食店で、3年以内の廃業率は7割ともいわれています。

それでも、自分のやりたいことで商いをしてお金を稼ぐ醍醐味はなにものにも代えがたいものです。だれにも命令されることなく自由にやりたいことができ、自分のペースで働くこともできます。価値観をともにするお客様に出会えたり、仕事を通じて新しい人に出会えたり、これまでの会社員時代とはまったく異なる新しい世界が広がるでしょう。

それが、「自分のお店をもつ」ことの最大の魅力です。

まとめ

- 自分の好きなことで商いをする
- リスクもあるが自分の采配で人生を動かせることが醍醐味

新しい「個人商店」の時代

お店をもつという概念は大きく変わっている

「お店をもつ」という概念は、ここ数年で大きく変化しました。その背景は、一つにはインターネットの急速な普及と、コロナによって、今までリアルでしかできないと思われていたことの多くが、オンラインでできるようになったことです。私は、数年前までは東京近郊に住み、都会と森の二拠点生活を経て、1年前に完全に信州に移住しました。木々が美しい森の中に住み、オンラインで従来通りコミュニティ運営やコンサルタントの仕事をし、そのかたわら、森を切り拓いてフィールドをつくり、自分で小さな家を建て、森の暮らしづくり提案の場（お店）をつくろうとしています。手づくりの家は、管理棟兼自宅になる予定で、いい意味で公私混同のライフスタイルを実践中です。まわりにはショッピングモールも公共交通機関もありませんが、インターネットがあれば全国の人とつながれるので、さほど不便は感じません。むしろ、風の音、鳥のさえずりを聞きながら自然の中で仕事をするほうが生産的ですし、今の生活にとても満足しています。森のフィールド、これも「お店をもつ」の一つなのです。

小さいからこそキラリと光る

お店をもつというと、物件探しから始まり、銀行からお金を借りて物件を取得し、内外装工事をして家具や什器、設備などを買いそろえなければならないと考えている人も多いと思います。もちろん間違いではないのですが、そのためにかかる費用は、数百万円から1千万円を超えることもあります。自己資金があればいいですが、借金をして開業したら、たちまち返済に追われる日々が始まります。従業員を雇ったら、給料も払わなくてはならないでしょう。最初は自分のやりたいことのためにお店を始めたのに、気づいたらお金を稼ぐために働いている。これなら会社員時代のほうがよかった…そんな後悔が待っているかもしれません。そんなことにならないためにも、しっかり準備をするのはもちろんですが、まずは、スモールスタートを目指してください。

今の時代、「小さい商い」（私はビジネスというワードは人間味がなくてあまり好きではないので、本書では「商い」という言葉を使います）は恥ずかしいことではありません。むしろ、小さいからこそできる工夫やアイデア、フットワークが付加価値になる時代です。一等地に大店（おおだな）を構えるのは、資本の大きい企業にまかせ、あなたはあなたにしかできない、きらりと光る小さなお店を開くことを描いてみましょう。

既成概念を打ち壊そう

スモールスタートをするためには、まず発想を変えましょう。

お店は、リアルなお店だけとは限りません。オンラインショップも立派なお店です。BASEやSTORESなど、簡単に自分でオンラインショップを開業できるアプリもあります。これらのアプリには、注文管理や決済、顧客管理や売上管理の機能も組み込まれています。売りたいものが決まっていれば、わずか数時間でネットショップをオープンすることも可能です。費用は、月々売上の数パーセントを手数料として支払えばよく、初期費用はかかりません。まさにスモールスタートが可能なのです。

商品は物理的なモノだけとは限りません。あなたの知識や技術、体験、ノウハウも商品にすることができます。自宅で教室を開いてもいいですし、オンラインセミナーやオンラインカウンセリングという方法もありでしょう。ネットやリアルでコミュニティをつくり、「場」を商品にすることもできます。その場に集まることに価値を感じる人たちがお客様です。発想次第でなんでも商材にすることができます。

飲食店だってオンラインでもできる

飲食店は、リアルショップでなければできないと思っているかもしれません。それも既成概念です。自宅のキッチンで料理をし、ウェブサイトで注文を受けてデリバリー提供するという方法なら、リアル店舗は必要ありません。移動販売で料理を提供するという方法もあります。キッチンカーを購入する場合は300万円～かかりますが、リアル店舗よりもコストを抑えられ家賃もかかりません。シェアレストランで、週末だけ営業するという方法であれば、月数万円で自分のお店をもつことが可能です。

こうした方法を使って、テストマーケティングも兼ねて少ない資金で小さく始め、そこで得た経験値やノウハウをもとにリアル店舗を構えると成功確度が上がります。最初から大きな借金をするのはおすすめしません。

リアルとオンラインをうまく連携して付加価値をつけよう

リアルショップをもつ場合でも、オンラインとの合わせ技で付加価値を提供することを考えましょう。たとえば、リアルショップでカフェを運営しながら、オンラインで自家焙煎のコーヒー豆を売る、コーヒーの入れ方のオンライン講習を提供するなどです。コロナ禍で、大きく売り上げを伸ばした飲食店も、このような工夫で乗り切ったところはたくさんあります。

新しい時代の「個人商店」が静かに増えている

これからは、身の丈に合った小商いで、お客様と顔の見える関係を築いていく、「新しい個人商店の時代」です。人を雇って必死になって大きな売上をつくるのではなく、自分のやりたいことを商いにして家族でちょっとぜいたくできるだけ稼ぐ。そのほうが心豊かな人生を送れるのではないでしょうか。

埼玉県日高市で、ＤＩＹサポートを商いとしている堀内達也さんは、まさに「新しい個人商店」の時代を体現している人です（112ページ参照）。35歳まで、航空自衛隊で働いていた堀内さんは、「自分にしかできないなにかをしたい！」と思って、趣味のＤＩＹを活かした商いを始めました。「自分で本棚をつくりたい」「ウッドデッキをつくりたい」「家を自分でリノベーションしたい」と思いつつ、「自分でできるのか不安」「どうやったらいいかわからない」という人に、材料の調達から道具の使い方、実際のつくり方までを教えたり手伝ったりするサービスです。実店舗は持たずウェブサイトで注文を受け付け。実際のＤＩＹのプロセスはブログで公開。ウェブサイトには、堀内さんの生い立ちや、なぜこの商いを始めたのか、「自分でつくることのすばらしさ、たのしさを多くの人に知ってほしい」という商いへの想いなどがつづられています。ホームページやブログは、想いを伝えるための有効なツールです。

人は、モノだけを買うのではありません。売り手の「人柄」や「物語」に共感して、その人だから買うのです。そして、それこそが、新しい時代の「個人商店」のあり方なのです。

まとめ

- 「お店を開店する」ことの既成概念を打ち壊そう
- 大きなお金で大店をもつことがすべてではない
- リアルとオンラインをうまく組み合わせれば可能性は広がる
- モノだけでなく、物語や想いも含めて商品

お店が成功するってどういうこと？

お店をオープンしただけでは成功とは言えない

お店（商い）の成功とはどういうことだと思いますか？　お店をオープンしたら成功？　いえいえ、それはまだスタートに過ぎません。

では、売上を上げてお店を大きくすることでしょうか？　地域一番店になること？　いずれはだれかに経営権をゆずって自分は悠々自適に暮すこと？　それも成功と言えるかもしれませんが、もっと重要なことがあります。

大儲け不要！　お金と気持ちが回っていればまず成功

それは、商いがずっと継続していること。そして、仕事を継続するためには、お金と自分の気持ちが回っている状態をつくる必要があります。

お金が回っている状態とは、大儲けしなくても、常に手元にある程度のお金があること。売上を大きくするには人を雇う必要が出てきます。従業員がいれば組織運営やマネジメントなど本業と違う気苦労が発生します。あえて大儲けをせず「そこそこ余裕があり、ある程度のお金が回っている」というのがポイントです。

稼いでいても幸せでなければ成功とはいえない

心が回っている状態とは、プライベートも含め、シンプルに毎日たのしく過ごしているということです。お金のためだけに働いていると、いずれ心が回らなくなります。いくら儲かっていても、幸せだと思えないのに仕事を続けることは辛いものです。無理に続けていると心も体も病んでしまうかもしれません。そうならないためにも、お店を始める前に、「自分軸」をしっかり確立することが大事です。「自分軸」については第2章で詳しく述べます。ここでは、「お金と心が回って商いがずっと継続していることが成功」ということを覚えておいてください。

途中であきらめなければ失敗ではない

では、失敗とはなんでしょうか。お金と心が回らなくなり商いが継続できなくなることが、失敗なのでしょうか。

実はそうではありません。

商いは、うまくいくことばかりではありません。今は調子が良い人でも、少し前には資金繰りに駆けずり回っていたかもしれません。どんな経営者でも、一度や二度は廃業の危機を乗り越えてきているものです。そして、実際に、一度は廃業や休業を余儀なくされた人もいます。しかし、そこであきらめなければ失敗ではないのです。

武内教官さんは、パーソナルジムを経営していたものの体調をくずして一時休業していました（117ページを参照）。しばらくは働く気になれなかったといいます。そこでやめたら失敗だったでしょう。しかし彼は、半年間で、これまでの商いの問題点を洗い出し、以前とはコンセプトもターゲットも変えて、再びパーソナルジムを始めたのです。メイン対象を経営者層に絞り、メンタルサポートに力を入れることで他のジムとの差異化を図り、着実にファンを増やしています。

あきらめず、常にお金と気持ちを回し続けること。そのためにはどうすればいいかを考え実践し続けること。それが成功の鍵といっていいでしょう。

デッドラインは決めておこう

ただし、「ここまでがんばってもだめなら撤退する」というデッドラインを決めておくことも大事です。借金を重ねてすっからかんになってしまうと再出発も難しくなります。自己資金が少し残っているうちに決断しましょう。

田辺一宏さんは、定年退職後に始めた個人旅行業がコロナで大打撃を受け、廃業の危機にさらされました（127ページ参照）。ここで彼は、中古の賃貸物件を購入し、女性障がい者に対象を限定したグループホームという新しい事業をスタート。グループホームの家賃収入を得ることで、本来の旅行業のほうも復活させています。賃貸物件を買えるお金が残っているうちに決断したことで、事業を継続することができたのです。また、最初のアイデアに固執せず、時代の波を感じながら、柔軟に転換したことも良かったのだと思います。

世の中や周囲の状況は刻々と変わります。変化に柔軟に対応しながら商いを継続する方法を見つけていきましょう。

まとめ

- 小さく継続することがなにより大事
- お金と気持ちが回り続ける状況をつくろう
- あきらめなければ失敗ではないが、デッドラインは決めておこう

当たり前をリセットしよう

会社員時代は都心のオフィスに毎日満員電車に押しつぶされながら通っていました。自宅と会社の往復を20年以上も続けていたことになります。独立後は、自宅、バーチャルオフィス、レンタルオフィス、都心マンションの一室、郊外マンションの一室、山のログハウスとの2拠点、そして森のフィールドと変遷していきました。ある意味、「働く場所」という点ではひと通り経験してきました。身も心も解放される森の環境に身を置きながら、たまに町へ出向き、世の中の動きを感じながら循環する…という働き方が最適と感じています。

実は今このコラムも家の大工仕事の合間に書いています。PCに向かってガッツリ書こうとするより、鳥の声を聞きながらリラックスしてスマホに思いついた気づきを残したほうが頭をやわらかく自然体で書けます。

こんな足跡をたどってきた結果、今もつ結論があります。それは「働く場所は固定化しない。自分が最も力が発揮できる環境を選ぶ」ということ。会社員は決められた時間、決められた場所へ通勤するもの、そう思い込んでいませんか？　そんな時代はもうとっくに終わっています。

新型コロナ禍に端を発した大きな社会変化。それまで当たり前と思っていたことがそうじゃなくなりました。ビフォーアフターを振り返る。「そんなの当たり前じゃん」という話、「ほんとに当たり前？」と疑ってみる。そんな積み上げが自分らしい人生をつくっていきます。

第2章 どんな商いにも共通する成功の秘訣

身の丈に合った小商いを目指す

小商いを目標にする

重要なので繰り返しますが、最初から大きな商いを目指さず、あくまでも小商いを目標にすることが成功の鍵です。大店（おおだな）を構えようとしたら、どうしても大きな資金や人が必要となり、自己資金で足りない部分は借金をすることになります。安易に融資と考える前に、今あるお金の中でできるサイズを考えてみてください。

商いをはじめて軌道に乗るまでは3年かかるといわれます。それまでは思うように売上が上がらず、借金の返済に追われることになります。しかし、大きな借金さえしなければ、なんとかやっていけるものです。

スモールスタートで、大儲けしようとせず、身の丈に合った小商いをコツコツ続けていくことが、なによりの成功の秘訣です。

最初にお金をかけすぎない

自分の大事なお店をつくったら、店舗の内装やホームページ制作、チラシやパンフレットなど、おしゃれなものをつくりたいと思うのは当然です。でも、なるべくお金をかけないで知恵と工夫で乗り切りましょう。実店舗をもつと内外装費で数百万円のお金が一気に出ていきます。ホームページやチラシ、パンフレットも、デザイン会社に頼むと数十万から100万円単位のお金がかかります。

手づくりできるアプリなどを活用して、自作しましょう。少々カッコ悪くてもありふれたきれいなチラシより手づくりのほうがずっと相手に伝わります。店舗の内装もDIYしてみてください。そのほうがたのしいしお店に愛着が湧きます。作業のプロセスを動画で撮って配信すれば、プロモーションにもなります。DIYがサービスになるかもしれません。「自分でできることは自分でやる」、お金をかけないシンプルなコツです。

固定費にお金をかけない

利益を上げるためには、売上を上げるか、必要経費を抑えるしかありません。売上はなかなか思うように上がらなくても、必要経費は知恵と工夫で抑えることができます。とくに、注意したいのは固定費です。

固定費とは毎月出ていくお金のこと。家賃、人件費、光熱費などが主なものです。これらは売上がなくても毎月支払わなければならず、資金繰りを圧迫します。もし借金をしていたら借金の返済もこれに加わります。売上から固定費を支払ったらほとんど残らないどころかマイナスになることもあります。固定費をできるだけ抑えることは、商いの鉄則なのです。

そのためには、前項でも言いましたが、まず固定観念を捨てましょう。

自分のお店をもつ＝物理的なお店をもつとは限りません。オンラインショップでもできないか、移動販売でできないか。家賃の高い都心でなく地方でできないか。格安の空き家をリノベして利用できないか。いろいろな可能性を考えてください。

スタッフは抱えず、自分一人でやってみて、どうしてもできないことは外注サービスを利用すれば、人件費を抑えられます。

意外に人件費を軽く考えている人が多いのですが、人を1人雇うと、給料だけでなく、社会保険料を会社が負担しなければなりません。教育費や交通費、什器備品等も1人分プラスでかかります。従業員1人あたり、毎月50万円くらいは出ていくと考えておいたほうがいいでしょう。さらに言えば、人を雇うとは、その人の家族に対しても責任を負うということです。そう考えると安易に雇うことも辞めてもらうこともできません。1人でやったほうが、精神的にも金銭的にもずっと楽なのです。

介護事業所を開業した岩見俊哉さん（132ページ参照）は、3年間で従業員30名を抱える法人に成長させました。しかし、自分の目指す方向性と従業員の想いが一致せず、悩んだ末事業を手放しました。たくさんの人がいればそれだけマネジメントの苦労も多いのです。もちろん、人を雇うなということではありません。人を雇うならそれだけの覚悟をもって臨む気持ちを忘れないでください。

まとめ

- 身の丈にあった商いをする
- 初期投資、固定費はできるだけ圧縮する
- 安易に人を雇わない

会社を辞めずに準備をする

働きながら商いづくりの準備をする

商いを始めるなら、会社は辞めるべきなのでしょうか。退路を断つからこそやり切れるという考えもありますが、最初は思ったように利益が出せないし、失敗の可能性もゼロではありません。そんな中、収入の道を断ってしまうのはリスキーです。

平日は会社で働いて定収入を得ながら、週末やスキマ時間でこつこつと商いづくりの準備をすることをおすすめします。もし準備の段階で、「自分は商売には向いていないのかもしれない」「今はそのタイミングではないかもしれない」と気づいた場合はそのまま会社員を続けるのもあり。逃げ場を残しておくからこそ安心して挑戦できるという考え方もあっていいのです。

会社員であることを最大限利用する

幸い、今はリスキリングが奨励される時代です。自主的な学習に会社がお金を出してくれるケースもあります。雇用保険に入っているなら、教育訓練給付制度も利用可能。この制度は、資格取得に必要な費用の20〜50%を国が支給してくれるものです（対象となる資格は厚生労働省のウェブサイトで要確認）。これらの制度を利用して、自分がやりたい商いづくりに必要な知識や技術を学ぶこともできます。

少しずつですが、副業を認める会社も出てきています。これから始めようと思う商いに関連する分野で並行して活動を始め、経験を積むということも可能なのです。

社内の同僚や仕事を通じて知り合った人たちは、将来の商いにつながる可能性もあります。気の合う人、価値観が共有できそうな人、味方になってくれそうな人を見つけておくと、開業してからなにかと助けになるでしょう。

また、社内には経理や広報といった部署があります。商売を始めたら、経理も広報も全部自分でしなければいけません。社内にせっかくその道のプロがいるのですから、仲良くして教えてもらっておくのも手です。

会社が嫌で起業を考えている人もいるかもしれませんが、発想を変えて、会社員という立場を十分利用しながら将来に役立つネタを集めていってください。

まとめ

- 定収入があれば安心してチャレンジできる
- 会社員のうちにできることはやっておこう

開業前から集客する

お店が開いていなくても集客はできる

集客はとても大事です。お客様に来てもらえなければ売上は上がりません。「そんなことはわかっている。集客は開店してからがんばるよ」というあなた、それでは遅すぎます。いったんオープンしたら、お客様が来なくても固定費は出ていきます。お客様が来てくれなければ収支は赤字です。そんな綱渡りの日々が来ることがわかっていながら、なんの準備もしないのでは怖すぎます。

では、どうすればいいのでしょうか。まずは、お店が開かなければ集客はできないという考え方から変えましょう。私のスクールでも、商いの計画段階から、同時進行で情報発信することを強く推奨しています。オープン前から情報発信をし、ファンをつくり、見込み客を確保しておくのです。

オンラインとリアルの二本立てで集客する

詳しくは第3章で述べますが、情報発信は、オンラインとリアルの二本立てでやっていきます。まずはオンラインです。ブログやＳＮＳで自分がこれから始めたいお店のことを発信する、これから顧客になる人がどんなことに困っているか、どんなものが欲しいか、ＳＮＳでニーズを探る、事前予約を取るなど、お店がオープンする前からできる集客方法はいろいろあります。

リアルのほうは、足を使って人に会いに行きます。自分の目的やテーマと合ったコミュニティの場やセミナーに参加して、情報交換をします。これから自分がどんな商いをしたいかを話す練習の機会でもあります。話すと相手の反応もわかります。否定的な意見を言う人もいるかもしれませんが、それも未来の顧客の貴重な声として受け止めます。やみくもに会いに行くのではなく、今後の商いにつながるＨＵＢとなりそうな人を意識して探しましょう。見込み客だけでなく、ウェブに強い人、お金に強い人、法律に強い人など、いろいろなつながりをもっていると、開業してからもなにかと助けになるはずです。

まとめ

オープン前からブログやＳＮＳで情報発信する
ＨＵＢとなる人を意識する

ワクワクすることを商いにする

「できること」より「ワクワク熱量」

あなたが「なんのお店を開こうか」と考えたときに、「儲かること」と「自分がワクワクすること」とどちらが大事だと思いますか？

答えはもちろん、「ワクワクすること」です。

人は、ワクワクすることならがんばれます。ワクワクするからアイデアも浮かぶし、どうすればもっとよくなるだろうと工夫したり挑戦したりするのです。ワクワクしている人には熱量があります。その熱量が周囲の人をひきつけ、応援をしてもらえたり、お客様となってもらえたりします。結果的にお金を生み出します。

起業セミナーやノウハウ本で、まず事業計画書を書きましょうとか、銀行から融資をしてもらいましょうということから入るものがありますが、それよりも大事なのが、「自分のワクワク熱量はなにか」です。事業計画書は、そもそも銀行にお金を借りるときに必要になるもの。単なる手続きですから、必要になったときに考えればいい。もし書類作業が苦手なら、得意な人にやってもらってもいいのです。

「ワクワク熱量」もないのに、資金調達から始めると、たいてい失敗します。

ありがちな失敗は、「できること」だけで商いを考えてしまうこと。「できること」から始めると、今までやってきた仕事の延長上で考えてしまいがちです。もちろん、これまでの自分の経験やスキルを活かすのは必要ですが、肝心なのは順番です。

まず、「ワクワク熱量」が最初にあって、それに「これまでやってきたこと」を掛け合わせる。そこに「人に求められること」という軸が加われば、それはずっと続く商いになります（これについては第3章で詳しく述べます）。

「できること」だけで考えると、手っ取り早く儲かるかもしれませんが、「ワクワク熱量」もなくただ儲けるだけの日々はたのしいと言えるでしょうか。「せっかくやりたいことのために会社を辞めたのに、なにをしているんだろう…」ということにもなりかねません。

まとめ

- 資金調達より大事なのは「ワクワク熱量」を見つけること
- 「できること」から発想しない
- 成功する商い＝「ワクワク熱量」×「やってきたこと」×「求められること」

ぶれない軸をもつ

成功している人は自分軸がしっかりしている人

私はこれまでたくさんの人の人生をサポートしてきました。自分でやり始めて成功した人たちの共通点の一つに、「自分をもっていてぶれないこと」が挙げられます。

商いを始めてみると、あらゆる壁、苦しいことに直面します。そんなときにあきらめずに踏みとどまれるのは、「自分はなんのためにこれをしたいのか、人生どうありたいのか」というぶれない軸があるからです。重要な決断を迫られたときに、判断するものさし、拠り所となるのが自分軸です。

人からもち掛けられた儲け話に乗って失敗したり、あっちのほうが儲かりそうだとあれこれ手を出して失敗したりという人は、自分軸をもっていない人です。軸がないから人に振り回されたり、迷ったり、進むべき道がわからなくなったりするのです。だからこそ、私のスクールでは、商いのプランを考える際に、「自分の軸はなんなのか」という土台づくりに一番時間をかけています。

人生の地図をつくる

「開業の先にはなにがあるのか？」「どんな人生をつくりたいのか？」「この商いによって、自分はどうなっていたいのか？」と、自分の心に問いかけてみてください。「なにをしたいかわからない。いいビジネスはありませんか？」「お金を稼ぎたいから」「会社員でいてもつまらないから」…。こんな答えしか出てこないようでは、まだ一人立ちは早すぎます。見切り発車をしても、先々必ず行き詰まります。

自分はこれからどうありたいのか、働き方、ライフスタイル、家族との関係、つき合っていたい人はどうなっていたら理想なのか、人生の地図を描いてみてください。これがあると、自分のやるべき商いの方向性が明確になり、迷ったときの道しるべになります。逆境に瀕したときにも「自分はこのために動き始めたんだ」と思い出すことで、原点回帰することができるのです。

ぶれない軸があれば、人に振り回されたり迷ったりしない
これからの理想の自分を「地図」にしよう
自分軸なき商いは必ず行き詰まる

結局は「人として」がすべての基盤

いくら知識や実績があっても、それだけでは商いは成功しません。結局は「人として」どうなのかが、すべての基盤です。成功している人は皆、当たり前のことをきちんとできているものです。

当たり前のことをばかにせず、ちゃんとやる

たとえば、気持ちの良い挨拶や返事をする、きちんとお礼を言う、時間を守る、約束を守る、人の話をよく聴く、自慢話をしない、謙虚である、などなど。一つひとつは決して特別なことではありません。ただそれがきちんとできている人は意外に少ないものです。だからこそ、当たり前のことをばかにせずちゃんとできている人は、相手に好印象を与えます。

メールもコミュニケーション

メールで問合せが来ることがありますが、回答をしてもなんの返事もないことがあります。お礼を言えとは言いませんが、こちらもそれなりに時間をかけて回答を

しているので、返事が届いたかどうかの連絡をするのは最低限のマナーだと思います。また、こちらはウェブサイトで名前も連絡先も公開しているのに、電話やメールで問い合わせをしてくるときに、名前を名乗らない人もいます。内心「こういう人とは仕事はできないなあ」と思ってしまいます。

リモートワークが増えている今、メールやチャットでのコミュニケーションは、対面のコミュニケーション以上に頻度が高くなっています。メッセージを送ったのになんの返事もないと送った相手は不安になります。どんなに忙しくても「確かに受け取りました」の一文だけでも返したいものです。

人の話を素直に聞く

人の話を素直に聞ける人は成長します。こちらが親身になってアドバイスをしているのに素直に受け止めない。「でも…」と反論し、持論ばかり主張する。こういう人は成長の機会を逃していますし、そのうちだれも助けてくれなくなります。

第三者の意見にはきちんと耳を傾ける。違うと思っても、「なるほど」と、いったん受け止めてから自分はどうするかを考える。そして、良いと思ったことは自己流にアレンジせず、そのまますぐに実行する。そのほうが成果に早く到達できます。

人に感謝をし、ご縁を大切にする

人は、いろいろな人の応援や支援があって生きています。感謝を忘れてはいけません。世の中に、一人で成功できた人はいません。「全部自分一人の力でやった」という人は、助けてもらっていることに気づけない、感謝の心がない人です。これでは、応援や支援をしてくれる人もやがて離れていくでしょう。

成功している人は皆「ご縁のおかげ」と言います。ご縁を大切にする人は、周囲のことを大事にし、気配りができる人です。人のためになにかしてあげようという気持ちがあるから、人からも助けてもらえるのです。

まとめ

- 人として当たり前のことをきちんとやる
- 素直な人は成長し人が集まってくる
- 感謝を忘れずご縁を大切にする

第3章

これをやるまでは開業してはいけない！

商いの原理原則を知る

原理原則＋新しいことをたのしむ

「自分のお店をつくろう」と思ったら、大事なことは2つ。

1つは原理原則を知ること。もう1つは新しいことをたのしむというマインドです。

原理原則とは、自分で商いを始めるときの正しい手順のこと。これについては後で詳しく述べます。

「新しいことをたのしむ」とは、リスクも含め、すべてのチャレンジをたのしむことです。「ちゃんと売上が上がるだろうか」「うまくいかなかったらどうしよう」など、商いづくりには、さまざまな不安がつきものです。

あなたは今、人生の曲がり角に立っています。まっすぐ大きな道を選ぶのか、先の見えない曲がり角を曲がるのか。「どうせなら、曲がって裏路地に入るほうがたのしそうだ、今まで知らなかった景色が見えるかも！」とポジティブに考えましょう。困難にぶつかっても、あきらめなければ失敗ではありません。なんの準備もなく「エイヤ！」で進むのはNGですが、原理原則を押さえて十分準備したら、あとは、勇気をもって一歩を踏み出すのみです。

商いづくりに正解はありません。考えすぎると不安ばかりが頭の中をぐるぐる回って前に進めなくなります。60％くらい準備ができたら、あとは走りながら考えればいい。「成功の反対」は失敗ではなく、「行動しないこと」なのです。

順番を間違えてはいけない

起業セミナーなどでは、まず「資金調達の仕方」や「融資の受け方」、「ビジネスプラン」などから入ることが多いです。しかし、これが間違いのもと。

私のスクールでは、

①人生の背景を掘り起こす
②自分軸を定める
③専門分野を決める
④商いのかたちをつくる
⑤商品・サービスを考える

の順番で、商いをはじめる準備を進めていきます。③④⑤が世の中でいうビジネスプランに当たります。①②を飛ばして、いきなりスタートすると多くの場合失敗します。①から順に積み上げていくことが重要です。
そして、これこそが、商いの原理原則なのです。

一本の木を想像してみてください。「人生の背景」から導く「自分軸」は、いわば木の根っこと幹のようなもの。人は、青々とした葉っぱやきれいな花ばかりを見てしまいますが、それを支えるのは地面の下の根っこと幹です。根っこがなければ幹はできないし、葉もつかず、花も咲きません。
私のスクールで学んだ後に商いを始めて成功した人、つまり10年前後事業を続けている人の共通点は「自分をもっていること」と「自分の仕事に誇りをもって

いること」です。これは①と②に取り組んだ後に商いの中身へと進んでいるからです。仮に、ピンチにぶちあたったとしても、「自分はなんのために商いを始めたのか」と、自分軸に立ち返ることで、あきらめずに踏ん張ることができたと皆、口をそろえます。最初に始めた商いがうまくいかなかったとしても、自分軸がある人は、軌道修正しながら新たな商いを続けています。自分軸がない人は、目先の儲かりやすそうなビジネスに次々と手を出して失敗するケースが少なくありません。

「今すぐお店を始めたい」と、はやる気持ちもわかりますが、時間をかけて人生の背景を掘り起こし、自分軸を定めることが成功への近道なのです。

まとめ

- 新しいチャレンジをたのしもう
- まずするべきことは、人生の背景を振り返り、自分軸を定めること

仲間をつくる

商いを経験したことがある人とつながる

自分で商いをするということは、すべて自己責任ということ。だれにも命令されることがなく自由に動ける代わりに、成功も失敗も、すべて自分の責任です。それこそが商いの醍醐味でもありますが、ときに、孤独を感じることもあります。

そんなときに、助けになるのは同じ志をもった仲間です。学生時代や会社員の友達ではなく、同じように自分の足で立つことを目指している、あるいはすでに自分の足で立っている人とつながることをおすすめします。なぜなら、商いをやる人には、商いを経験した人にしかわからないたのしさと辛さがあるからです。

業界は異なっていてもかまいません。むしろ他業界の人と付き合うほうが新たな視点を得られて活動のヒントになります。

新型コロナ禍では多くの会社や商店が廃業の危機にさらされました。ＦＡＡの卒業生の中にも大変な想いをした人がたくさんいます。それでも何とかもちこたえたのは、「同じ志の仲間が支えてくれたから」と、口をそろえます。同じように不安をかかえながら思い切って踏み出した、試行錯誤しながらなんとか商いを軌道に乗せてきた、だから、辛いとか大変とか言わなくてもわかりあえる。わざわざ「応援してあげよう」「助けてあげよう」というのではなく、自然と気にかけ助け合える関係ができていたのです。これほど心強い絆が他にあるでしょうか。

あなたも自分のお店を持とうと思ったら、いろいろな場に参加して、つながりをつくってください。交流会に参加するだけで安心して準備が進まないのは論外ですが、本音で付き合える人を、根気よく探していきましょう。

人間関係をつくるには長い時間がかかります。最初は1人、2人、気の合う人ができれば十分です。あなたが「人として」大事な基本(36ページを参照)を忘れず誠実な態度でいれば、自然と仲間が増えていくでしょう。助けてもらうことばかり考えるのではなく、自分もだれかを支え、応援することを忘れないでください。

まとめ

- 商い経験者やこれから商人を目指す仲間を見つけよう
- 良い関係を時間をかけてつくろう
- 助けてもらうだけでなく自分もだれかの支えになろう

原理原則❶　人生の背景を掘り起こす

自分はどうありたいかがすべてのスタート

「起業したいのですが、どうしたらいいですか？」「自分のお店をもちたいのですがなにから始めればいいですか？」という相談をよく受けます。しかし、なにをするかを考える前に、まず、しなければならないことがあります。それは、「自分はどうなりたいか」を定めることです。

起業するとかお店を開くということは、表面的なことでしかありません。

自分の人生をどうしたいのか、どんな人生なら幸せだと思うのか。それを実現するためにはどうすればいいのかを考えた上で、起業やお店を開くという答えが出てくるのが本当の流れです。この順番を間違えてはいけません。

先に起業やお店ありきで考えるから、「なにをしたらいいかわからない」ということになるのです。

心の声に素直になってシンプルに考える

しかし、突然「自分はどうなりたいのか」と聞かれてもイメージできないという人も多いでしょう。親をよろこばせるため、学校の先生にほめられるため、上司に認められるため、家族を養うため…など、周囲の環境やしがらみでいろいろなことをがまんしてきた人もいるでしょう。だから、「自分が本当はどうなりたいか」など考えてきたこともないし、いつしか心の奥底に埋もれて忘れてしまっているのです。

一度頭の中を空っぽにして、自分の心の声に耳を傾けてみてください。周囲の雑音や制約をなくしてください。スマートフォンも閉じます。自分はどんなときに幸せだと感じるのか、なにをしていたらたのしいのか。自分と家族が笑顔で暮らしていけるとはどんなことか。心の声に素直になってみてください。会社のためとか、出世のためとか、余計なバイアスをはずして考えること。そこから本当にやりたいことが見えてきます。そして「やりたいことをやる」とシンプルに考えてください。

次ページから、自分の人生を振り返り、自分の根っこを探すためのワークを紹介します。ぜひこれも試してみてください。

人生ライフラインシート

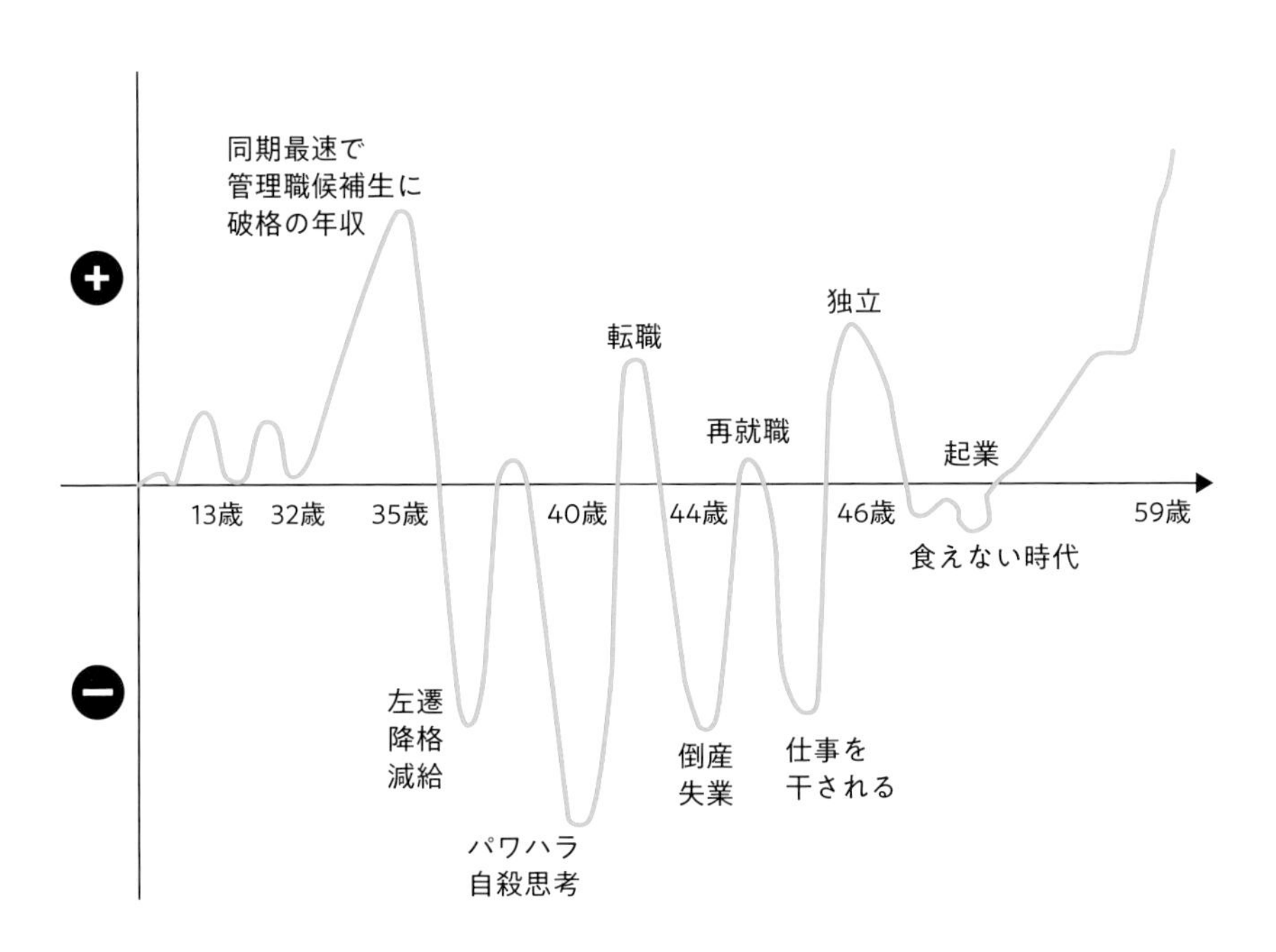

ライフラインシートで人生を俯瞰しよう

自分のこれからの人生を考えるときに、まずやってほしいのが、自分の歩んできた人生を掘り起こす作業です。ここで使うのが、「ライフラインシート」です（前ページ）。横軸が年齢、縦軸がそのときの感情です。＋と－で表します。

自分の人生を振り返り、そのときの感情が＋、－のどのあたりか、点を書いてプロットしていきます。次に、点と点を線でつなぎ、そのとき々の出来事や感情を書き込んでいきます。こうすると、自分の人生が俯瞰できますね。

「幼少期の原体験」「ワクワク熱量」「マイナス体験」を掘り下げる

ライフラインシートでとくに掘り下げてほしいのは、「幼少期の原体験」と「ワクワク熱量」「マイナス体験」の３つ。

「幼少期の原体験」は、大人になっても変わらない、あなた自身の根っこにある感情です。価値観の原点になっているものといってもいいかもしれません。

「ワクワク熱量」は、あなたの行動の原動力になります。ライフラインシートが上昇しているとき、ワクワクしていたはずです。どんなときにワクワクしたのか、熱量が上がったのか、過去を振り返ることで明らかにしていきます。

「マイナス体験」は、負の出来事です。思い出すのも辛い嫌な過去かもしれませんが、そこにあなたの強みや武器になる可能性が隠されています。

私の場合、35歳が会社員のピークでした。同期の中では出世頭で破格の年収を得ていた頃です。ところが、公式の場でのトップへの進言が原因で、30代後半で急降下。左遷、降格、減給の憂き目に遭います。その後も、パワハラ、倒産、失業と、ジェットコースターのような人生。46歳で独立しますが、しばらくは食えない時代が続きました。50代前になってようやく上昇し始め、今は自分のワクワク熱量を仕事にし、幸せな日々を送っています。

幼少期は、おとなしくて目立たない子どもでしたが、心の奥底には自分が中心でありたいという気持ちがあることに気づきました。それが、今の主催者や講師という仕事につながっています。また、40代のパワハラ経験は、一時は自殺も考えたほどのマイナス体験ですが、この経験があったからこそ、がんばっているのに理不尽な出来事に遭遇している人たちの苦しみが自分事として理解でき、仕事や組織で悩んでいる社会人たちを助けたいという強い想いがあります。今やっているスクールは、まさにマイナス経験があったからこそできたのだと思っています。

じぶん振り返りヒストリー

	ワクワクしたこと・熱量が上がること・今でも情景が浮かぶ出来事	その理由（掘り下げポイント）	辛かったこと・失敗・挫折・苦労したこと	そこから得たもの（掘り下げポイント）
就学前	アパートの裏の原っぱでよく遊んでいた。	なにか新しいものをつくるのが好きだった。	親のしつけが厳しかった。	三つ子の魂百までといわれるがその意味がよくわかったこと。
小学校低学年	ごみ置き場でいろいろなものを混ぜて実験みたいなことをしたり、友達と秘密基地をつくったりした。	仲間とイメージを共有して創意工夫してなにかをつくるのが好きだった。	内向的だとか社交性がないと言われることがコンプレックスだった。	子ども心に、親に言われたことはずっとその後にも影響を与えることがわかった。
小学校高学年	ずっとびりっけつだった徒競走で、5年のときに2番、6年のときに1番になった。	周囲から脚光を浴びるのが嬉しかった。	「何を考えているのかわからない」と、自己表現ができない子どもと言われるのが嫌だった。	どうすれば殻を破れるかと模索できたこと。
中学校	気のおけない仲間と慣れ親しんだ環境にいられた。技術はないが部活で副部長になった。	自分が中心にいることが心地よかった。スキルだけでなく人間性が大切だと思っていたから。	親の言いなりになって卓球部に入ったことがずっと後悔になる。転校した学校で不良グループに囲まれどうしようかと思った。	自分の考えをもち、ちゃんと主張することの大切さ、人を見た目で判断してはいけないことを学んだ。

たのしかったこと、苦しかったことを振り返ろう

人生の背景を振り返るワークをもう1つ紹介します。名づけて「じぶん振り返りヒストリー」です（前ページ）。

幼少期から学生時代、社会人になって今に至るまでを振り返り、ワクワク熱量が上がったこと、今でも情景がありありと思い出せることを書き出します。そして、なぜワクワクしたのか、その理由を掘り下げましょう。

次に、辛かったこと、失敗、挫折、苦労したことを書き出します。そして、そこから学んだこと、得たものを掘り下げます。こうしてみると、人は、マイナス経験からこそ多くのことを学ぶことが実感できます。

他人に見せるわけではありませんから、失敗や挫折も隠すことなくすべて書き出してください。この作業を丹念にすることで、今の自分の価値観や考え方がどうしてできたのか、自分を形づくっている背景が見えてきます。

最初はなかなか思い出せなくても、書いているうちに記憶がよみがえってきます。思い出せばその都度書き出していき、時間をかけて仕上げましょう。

大切なのは、文字にして目に見える形にすること。言語化すると、自分と向き合い、自分の原点を見つけることができます。自分の軸をつくる重要なプロセスです。

まとめ

- ライフラインシートで自分の人生を俯瞰しよう
- 過去を振り返って、うれしかったこと、辛かったことを思い出そう
- 過去の経験の中に、自分の価値観ややりたいことが隠れている

原理原則❷ 自分軸を定める

自分軸とは「自分のありたい姿」のこと

自分軸とは、一言で言えば、「自分のありたい姿」のこと。

前項で、人生の背景を振り返り、「どんなことにワクワクするか」「熱量が上がったのはいつか」「どんな失敗や辛い経験があったか」「そこからなにを学んだか」を掘り下げていきました。これらはすべて自分軸を定めるための材料となります。

起業は手段であって目的ではない

自分軸がまずあって、「そのために、どんな仕事をしたいか」「どんな働き方をしたいか」を考えます。起業やお店をもつことは、ありたい人生を手に入れる手段にすぎません。そこを間違えると、「苦労してお店を開いたけれど、自分のやりたいことはこれではなかった」ということになりかねません。

たのしかったこと・その理由を「WHY思考」で突き詰める

「自分の根っこ」を見つけるためにぜひやってほしいワークがあります。それは「WHY思考分析」です。やり方はシンプルです。次の図を見てください。

逆三角形を書き、それを水平に3分割します。一番上のエリアには自分が好きなことを書きます。2番目のエリアには、なぜそれが好きなのかを書きます。3番目のエリアには、さらになぜそれが好きなのかを書きます。「なぜ？　なぜ？」と自分に問い続けることで、あなたの「こうありたい自分像」が浮かび上がってきます。

たとえば一例として、「海外旅行」、「企画をすること」、「自然」の3つを好きなこととして掘り下げてみます。まず、「企画」を掘り下げてみましょう。「企画」が好きな理由は、「みんなにたのしい空間を提供したい・新しいことをやってみたい・

WHY 分析

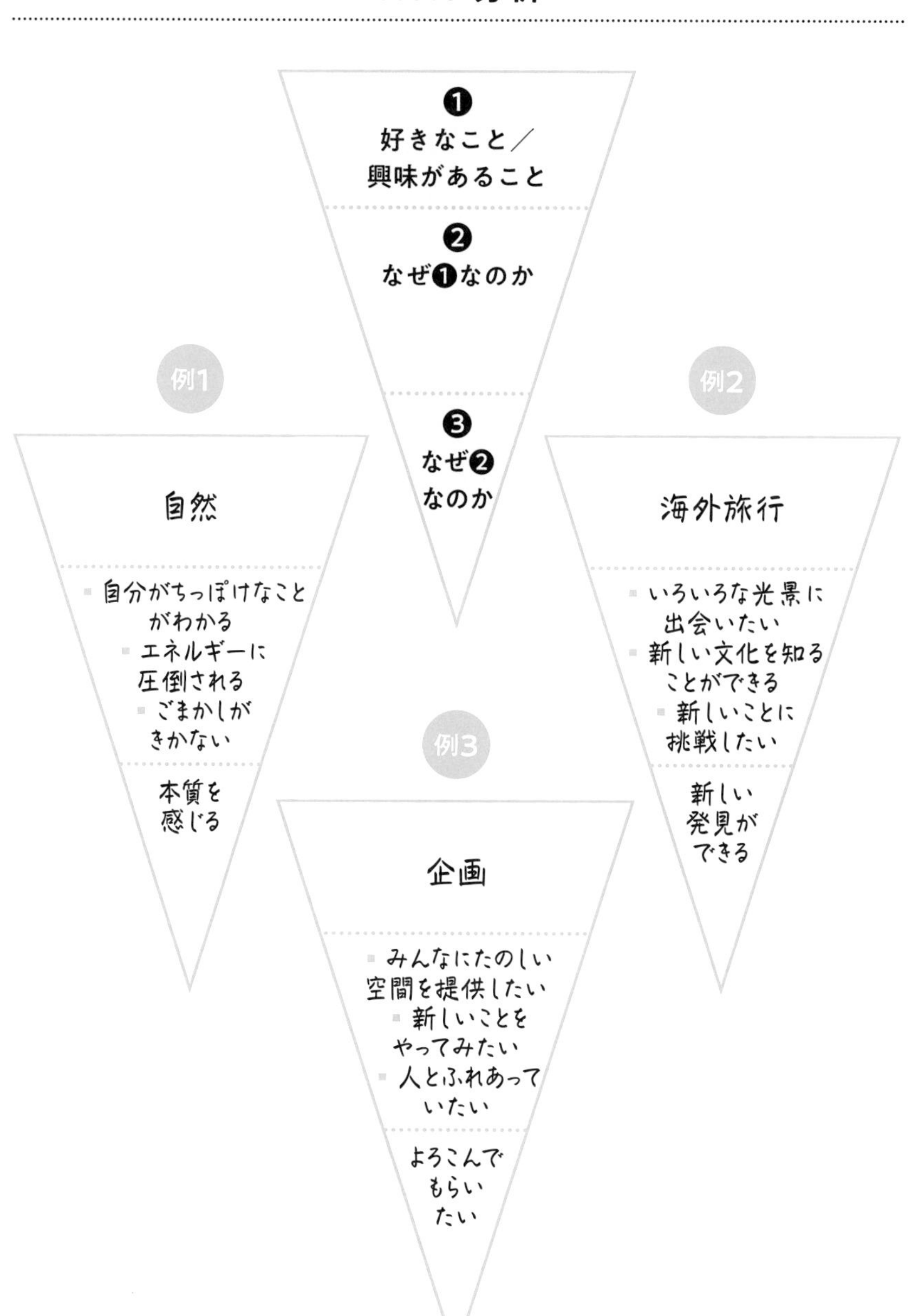

❶
好きなこと／
興味があること
❷
なぜ❶なのか
❸
なぜ❷
なのか
例1
自然
自分がちっぽけなことがわかる
エネルギーに圧倒される
ごまかしがきかない
本質を感じる
例2
海外旅行
いろいろな光景に出会いたい
新しい文化を知ることができる
新しいことに挑戦したい
新しい発見ができる
例3
企画
みんなにたのしい空間を提供したい
新しいことをやってみたい
人とふれあっていたい
よろこんでもらいたい

人とふれあっていたい」でした。では、なぜそれらが好きなのかさらに掘り下げます。その結果、「よろこんでもらいたい」が導かれました。「海外旅行」「自然」についても同様に掘り下げます。すると、この人のやりたいことは、「よろこんでもらえること、新しい発見ができる、本質を感じることができるなにか」だということがわかります。

私の場合は、「ゼロからイチを生み出すこと」「一人ひとりにスポットライトを当てること」「物語を紡ぎ出し、その人の魅力を引き出すこと」がワクワク熱量で、それをつきつめた結果、ありたい・やりたいことは「個を尊重した場づくり」だという結論に行き着きました。この軸を具体化するため、「一人商いの専門家」「場づくりの専門家」という商いにつながっていきます。

ここで紹介したワークは、必ずしもきれいに実際の商いにつながるとは限りません。一度「これだ」と思っても、やり始めたら「なんだか違う気がする」ということもあります。でも、それでOK。そんなときは一本の木の絵（42ページ参照）に戻ってください。「あ、そうか！　自分の根っこはここだったよな」と再発見できます。そう、自分軸は道に迷ったときの羅針盤なのです。

とにかくしっかり取り組んでみてください。自分の過去を振り返ると、新しい自分に出会えます。現在、過去、未来。「これまで」があっての「これから」です。

まとめ

- お店を開くのが目的ではなく、理想の人生の実現が目的
- 好きな理由を「なぜ?」と突き詰めた先に「やりたいこと」がある
- 「これまで」があっての「これから」

原理原則❸ 専門分野を決める

人生の背景を振り返り、そこから自分軸を見出すというステップを行ってきました。次は、自分はなにを商いにするのか、自分の「専門分野を決める」というプロセスに入ります。専門分野決めとは文字通り「自分はこの分野で専門家になるぞ!」と決めることです。商人は「○○の専門家」です。なにを売ったとしても必須です。○○になにを入れるのか考えていきます。

商いをつくる3つの掛け算

成功する商いは、「ワクワク熱量」×「やってきたこと」×「求められること」の3つの掛け算で導き出します。

専門分野を考えるときに、一番大事なことは、「ワクワク熱量」です。商いを前に進める原動力は「自分がやってみたい！」です。「できること」を先に考えないようにしてください。

次に「やってきたこと」。やってきたこととはスキルとか技術に限定されるものではありません。これまでを振り返って「自分はこれをやってきた」と思う経験です。よく「自分にはなにもスキルがないから…」という人を見かけます。その考えは捨ててください。スキルは後か

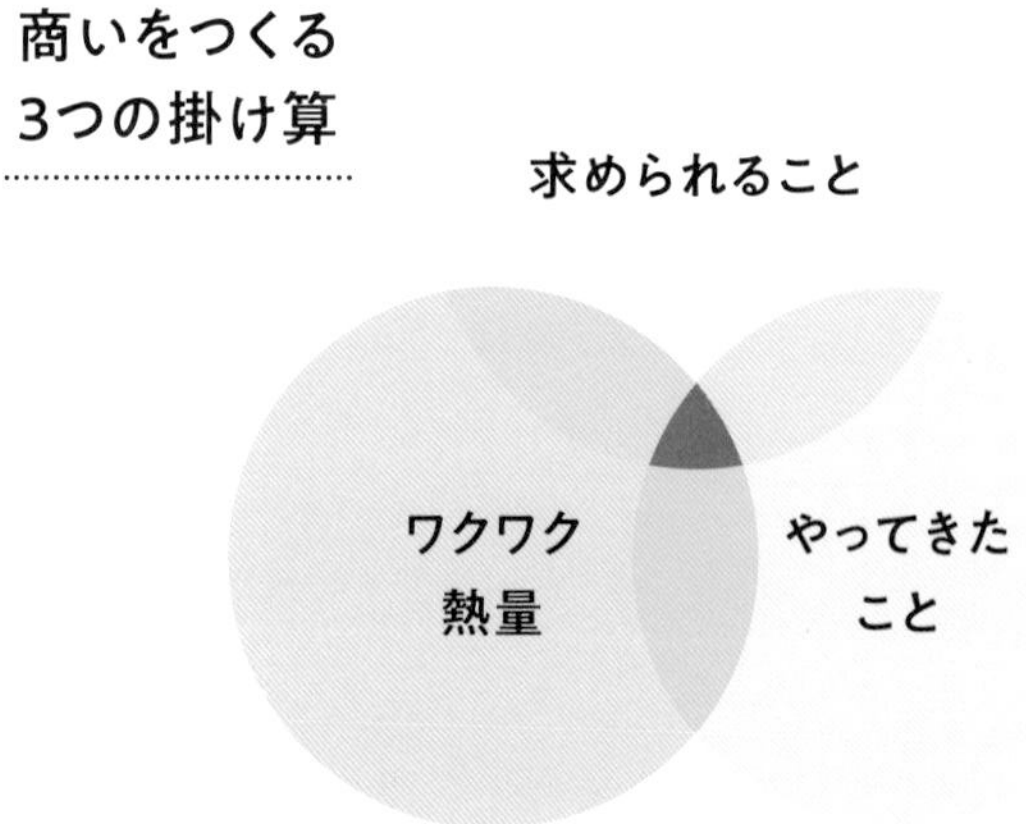

商いをつくる
3つの掛け算

求められること

ワクワク
熱量

やってきた
こと

らでいいです。ワクワク熱量を核にして動き始めたら勉強もするしスキルは加速して身についていきます。無理矢理学んで身につくものではありません。

そして3つ目が「求められること」。これがお金につながる要素です。3つがそろってはじめて真の商いになります。ただこの「求められること」は準備段階であまり必死に考えないでください。なぜなら実際にお客様と接してみないと本当のことはわからないからです。お客様のニーズを掘り下げるといった机上の理屈に時間を掛け過ぎないように。まずは「ワクワク熱量」×「やってきたこと」でスタートし、やり始めたら「求められること」にしっかり目を向け、商いに取り込んでいくのが得策です。

ワクワク熱量の見つけ方

自分はなにが好きなのか、なにをやりたいのか、と言われてもなかなか出てこない…多くの人が抱える悩みです。好きなこと、やりたいことが見つからないときは、「これをしているときは時間を忘れる」「無意識のうちにいつもやっている」「その話をしたらずっとしゃべっていられる」などを思い描いてください。どんなときにたのしそうな顔をしているか、人から聞くのも一手です。自分で自分のことは案外わからないものです。もう一つのアプローチは、自分がイヤと感じること、やりたくないことを書き出してみる方法。自分がされてイヤなことは相手にしない。シンプルで大切な視点です。消去法でそぎ落としていくとやりたいことが浮き上がってきます。

いろいろ考えたけれど、これだ！という「ワクワク熱量」が見つからない人もいるかもしれません。そんなときは、「このあたりかな」というレベルで始めてください。やってみないとわからないこともありますし、やり始めたらおもしろくなってくることもあります。「もしかしたらこっちかもしれない」と、別のところにスイッチが入るかもしれません。「それをやっているときは活き活きしているね」と第三者から言われて自分のワクワク熱量に気づくこともあります。

ある程度考え尽くしたら、エイヤ！で一歩を踏み出すことも大事なのです。

「やってきたこと」を棚卸ししよう

あなたがこれまでやってきた仕事や経験、人より少しできるかもと思うことを紙に書き出してください。それはあなたの強みであり、商いの強みになりうるものです。「自分がやってきたことなんて大したことはない」と思うかもしれませんが、人には自分しかできなかった体験、知らず知らずに培ってきたスキルやノウハウが必ずあります。

過去にコンサルティングをした人で、「30年間、運転手をしてきただけでなんのとりえもない」と言っていた人がいます。私は、この人が自分の30年の経験を卑下していることを残念に思いました。卑下するなんてとんでもなく、むしろそれこそが売りだと感じました。お客さまの安全第一を自らの手でまじめにコツコツ積み上げてきたこと、運転手さんにしか見えない世界を見てきたことは普通の会社員では経験できない価値です。自分では気づいていないだけで、30年間の蓄積があるからこそ得たもの、人のつながり、続けるための信念や大切にしてきたことがあったはずです。そこを掘り下げればお宝は見つかります。

自分一人ではなかなか見つからないという場合は、家族や信頼できる友人など、周囲の人に聞いてみるのもありです。自分だけでは気づかなかった強みが見つかるはずです。あなたが歩んできた人生は唯一無二、その中にこそ価値があります。決して忘れないでください。

「求められること」と掛け合わせよう

「ワクワク熱量」と「やってきたこと」の棚卸しが終わったら、その両方を組み合わせて、商いのタネになりそうなものはないか考えてみましょう。さらに、世の中のニーズと掛け合わせられないか、考えます。ニーズはなるべくニッチなもののほうがベターです。こんな小さいことでもいいの？　というくらいマニアックなほうが、小商いには向いています。

掛け合わせの順番を間違えない

多くの人は商いづくりをするときに、これまでやってきた仕事の延長線＝「できること」から考えがちです。でも、それで本当にいいのでしょうか。

せっかく人生を振り返って「こんなことがやりたい」「こんな生き方をしたい」と自分軸を定めたのです。「できること」ではなく「ワクワク熱量」にチャレンジしたほうが、人生がたのしくなると思いませんか？

田辺一宏さんは57歳のときに、役職定年をきっかけに起業を考えました（127ページ参照）。英検1級で、英語を使った仕事を長くしてきたそうです。最初は「英語ができるので、英語の講師をやる」といった感じでした。「本当にそれでいいですか？」と訊くと、「でも、それくらいしかできないですから」という回答。

その後、人生振り返りのワークでこれまでを掘り下げていくうちに、「学生の頃、1年休学してバックパッカーで海外を旅したときのワクワク感」が鮮明に蘇ってきました。そのことを話しているときの田辺さんがとても活き活きしています。「もしかしたらそれが田辺さんの根っこじゃないですか？」と伝えました。すると彼も腑に落ちた様子、それを核に旅行業という道筋を立てました。

そこからの田辺さんの行動力はすばらしかった。旅行業なんてまったく門外漢なのに情報を集め、旅行業を営むためには旅行業務取扱管理士の資格が必要だと知り、通信講座で4カ月間集中して勉強。難しい試験に一発で合格し、その2カ月後には開業していました。

田辺さんが提供するのは、民泊を利用した長期滞在型の個人旅行。お客様の希望をヒアリングし、大手旅行会社にはできないオーダーメードのプランを立てることが一番の特徴。英語が苦手なお客様のために現地に同行してガイド役も務めます。

田辺さんの商いは、まさに、「ワクワク熱量」（海外旅行）×「やってきたこと」（英語）×「求められること」（大手にはできないオーダーメードの旅）の3つの掛け算。「できること」から発想するのではなく、「ワクワク熱量」からスタートしたからこそ、69歳の現在も、とてもその年齢には見えないほどエネルギッシュで、生き生きと仕事をする定年後一人商いのロールモデル的存在です。

お金になるかどうかはお客様が決める

「好きなことを仕事にするのはたのしそうだけど、それで本当にお金になるのですか？」と思う人も多いです。もちろん、単に好きなことだけでは不足で、「お客様に求められるかどうか」は外せないポイントです。でも、最終的に対価を払うかどうかを決めるのはお客様です。ネットオークションなどでも、思いもかけないものが高く売れたりすることはよくありますよね。「こんなもの売れるわけがない」と自分で可能性を閉じてしまってはもったいない話です。

また、お客様が求めることは、やり始めてからわかることが大半です。「このあたりかな」とある程度予測を立ててスタートしてみて、お客様の声を聞きながら軌道修正していけばいいのです。

ただ、本格的にオープンしてから軌道修正をするのはリスクが大きいので、お店を構える前に、テストマーケティングをしてお客様の反応を見るというプロセスは不可欠です。これについては、あとで詳しく述べます。

独りよがりにならない

ここまでワクワク熱量の重要さを伝えてきました。商いには想いやこだわりも大切です。「じゃあ、自分がやりたいことだけをやればいいんだ」と思ったとしたらそれは間違い。スタートしてから数年の初期によくある思い込みです。商いはお客さまの心が動き、価値を感じてもらったときに初めて成立します。「今、自分が考えていることは独りよがりになっていないか？」と定期的に自問自答する習慣を身につけてください。たまに第三者からフィードバックをもらうのも一手、素直に受け止めてください。「このやり方で自分は成功している」と天狗になると、だんだんと自分のまわりから人が遠のいていきます。謙虚に今の自分と向き合う姿勢を決して忘れないようにしてください。

まとめ

- 商いは「ワクワク熱量」×「やってきたこと」×「求められること」で決まる
- 最優先は「ワクワク熱量」
- 売れるかどうかはお客様が決める、自分で決めない
- 謙虚な姿勢で独りよがりにならない

原理原則❹ 商いのかたちをつくる

だれが？　どうなる？　どうやって？

商いのかたちとは、世の中で言われるビジネスプランのようなもの。ビジネスプランというと難しく感じますが、もっとシンプルに考えましょう。

基本は、「だれが？　どうなる？　どうやって？」を考えること。言い換えると、「こんなお客様に（だれに）、こんな商品を提供して（どうやって）、価値を感じてもらう（どうなる）」。これが商いの基本です。

「だれが？　どうなる？　どうやって？」を考えるときに重要なのは、徹底的して「お客様目線」で考えること。「こんなものをつくったから買ってほしい」という発想は売り手目線の発想。いわば自分の都合です。それではお客様に受け入れてもらえません。

一例ですが、私は、焚き火を囲んで語り合う「焚き火カタリバ」という場づくりを商いとしてやっていたことがあります。これを、「だれが？　どうなる？　どうやって？」に当てはめると、「会社帰りでストレスを抱えるサラリーマンが（だれが）」

「癒しのひとときで心を解き放つ（どうなる）」「非日常空間で焚き火を囲み、静かに火を眺めながら語り合う（どうやって）」となります。これを基本に、なにを用意するか、どんな場のしつらえにするかを考えていくことで、商いのかたちをつくっていきました。

「自分が買い手だったら」と発想する習慣づくり

「お店を開くなら事前にマーケティングリサーチをしよう」と、起業セミナーなどでよく言われます。マーケティングリサーチとは、どんな商品やサービスを顧客が求めているかをさまざまなデータから分析すること。確かに顧客ニーズもわからずに商いを始めるのは危険です。ただここで頭でっかちにならないでください。

あなたがこれからやろうとしているのは、自分が大切にする世界観を理解・共感してくれる少数の濃いお客様を相手にした小さな商いです。大量生産大量消費のビッグビジネスではありません。もっとシンプルに考えましょう。

「自分が買い手だったらどう思うか？」という視点で考えればいいのです。

たとえば、街を歩いていて、目に留まったカフェに入り、お茶を飲むとします。そのとき、なぜそのお店に目が留まったのでしょう。なにがきっかけで立ち止まり、中に入ってみようと思ったのでしょうか。お店に入ってそのメニューをオーダーしたのはなぜでしょう。なにが決め手だったでしょうか。実際に注文したものが運ばれてきたときにどう感じたでしょうか。期待どおりか、期待以上だったでしょうか。スタッフとのやりとりはどうだったでしょう？　そんなふうに「自分自身の買い物体験」を顧客目線で観察してみてください。どんなところに心が動いたのか、「もう一度行きたい」と「もう行かない」の境目はなんだったのか。その感覚をその場ですべてメモにします。

スーパーで買い物をするときも同じです。近所にA、B、2つのスーパーがあるとして、Aに行った場合、なぜそこを選んだのでしょうか。AとBの違いはなんでしょうか。

ネットショッピングのときも同様。なにか欲しいものがあって、いろいろなサイトや商品をどんなワードで調べて、結局その商品を選んだのはなぜでしょうか。見やすい、わかりやすい、買いたいと思ったのはどのウェブサイトでしょうか。なぜそのウェブサイトから買いたくなったのでしょうか。

毎日の買い物のたびに考える癖をつけると、商い力が磨かれていきます。自分がお客様になったときの目線で観察してみて、良いと思った点、そうじゃない点を加味しながら、商いのかたちをつくっていけばいいのです。

もう一度来たい、買いたいと思える業務フローを考える

オンラインショップを運営する場合、ホームページ経由でお客様からの問い合わせ、注文、入金、商品の発送という一連の業務フローが発生します。このときも、お客様目線で業務フローを確認しましょう。

たとえば、注文した後、型通りのお礼メールが来るのと、店主の温かいひと言が添えられたメールが来るのとでは、どちらが心に響くでしょうか。

入金後、なかなか返事が来ないお店と、すぐに「確かにご入金いただきました」と返事が来るお店、どちらからまた買いたいと思いますか？　商品が届いて、パッケージを開けたら、店主の手書きのメッセージカードが入っていたらうれしいですよね。

こんなふうに「自分がお客さんだったらどんなふうにしてもらったらうれしいか」と考えて業務フローをつくります。

お金は「ありがとう」の対価

お客様によろこんでもらえるように精一杯やるのが商いの基本です。お金をいただいた上に「ありがとう」と言ってもらえるなんて感激しますよね。

逆にお客様を金づるだと思っていたらいつか相手に伝わるし、二度とお店に来てくれることもありません。誠心誠意やればお金は必ずあとからついてきます。お金はお客様の「ありがとう」の対価なのです。

地元スーパーがナンバーワンの理由

私の住む小諸市に、Tというスーパーがあります。こちらへ住んで存在を知って以来、通いつめています。創業130年以上、大手チェーンではなく長野県と群馬県だけで展開、多くの地元固定客を集めています。欲しい品物がとてもリーズナブル。野菜や肉魚も鮮度が良いものばかりです。プライベートブランドは添加物を使用しないこだわりのクオリティ。店内は清潔、接客はていねい、セルフレジもありません。さらに驚いたのは、今時めずらしくポイント制をやっていないのです。ポイント制をやるくらいなら1円でも安く良いものを提供するという心意気の表れだと感じています。「スーパーはそこじゃないよ」という商売の基本に立ち返った姿勢にすっかり惹きこまれました。

Tの商いを「だれが？　どうなる？　どうやって？」に当てはめるなら「地元に住むお客様が（だれが）」「毎日安心安全な暮らしができる（どうなる）」「新鮮な食材を適正価格でお届けする（どうやって）」となるでしょうか。

このように、自分が気に入って何度も通っているお店を客観視してみると、そこに商いの成功の秘訣が隠れています。

昔ながらの個人商店にヒントがある

もう一つ、私自身の体験を紹介しましょう。現在、森を開拓しています。伐った木を薪にするだけではあまりにもったいないので、製材して生かせないものかと考えるようになりました。まずYouTubeでチェンソー製材を発信している人の動画をいくつか視聴しました。すると今もっているものより大きなサイズのチェンソーが必要だとわかりました。そのうちの一人にコメントを入れたら、「遠いかもしれないけどここがいいよ」と群馬県のとある農機具屋さんを教えてくれました。たまたまいつも通るルートだったので、さっそくそのお店に行き、あれこれと素人目線なことを質問しました。店主は実際に機械を触りながら、どの質問にもていねいに解説、親身になって熱心にアドバイスをくれました。プロとしての仕事、熱量と安心感。「ここで機械を買って、ずっと面倒を見てもらいたい」と即決しました。

ちょっとマニアックな例でしたが（笑）、ここにはまさに、今は廃れてしまった昔の個人商店の良さが表れています。それは店主とお客さんとの顔と顔が見えるお付き合いです。常連さんとは固有名詞でやりとりする。探しているものが見つかったら「三宅さん、探していたあれが入荷しましたよ」とその人に合った情報を教えてくれる。関係性が希薄になった今の時代にこそ、そんな心と心が通う商いが、ますます求められるのではないでしょうか。人の温もりにＩＴを上手を組み合わせた新しい小商いを目指してほしいと思います。

まとめ

- だれが？　どうやって？　どうなる？　が商いの基本
- 徹底してお客様目線で考える
- 返信メール１つにも心を宿らせる
- 人の温もり×ＩＴ＝新しい小商い

原理原則❺ 商品・サービスを考える

「ワクワク熱量」×「やってきたこと」×「求められること」の掛け算で、自分の進む「専門分野」が決まり、商いのかたちがかたまったら、次に考えるのは「具体的になにを売るか」です。

売るものは物理的なモノだけに限りません。あなたのもっている経験やノウハウ、技術も商品サービスになります。イベントを企画して場をつくるとしたら、「場」そのものが商品になります。

仮にモノを売ると決めたとしても、モノ売りだけで終わらず、そこから派生して他にも売れるものができないかと考えましょう。たとえば、手づくりの革製品を商品とするのなら、修繕やメンテナンスも商材になります。革細工づくりの体験イベントを開催するのもありでしょう。自分だけの一点ものをずっと使い続けるコンセプトに仕立てるわけです。

「差別化」より「独自性」

相談に来る人はよく「差別化しないと！」と口にします。しかし、1人で始める小さなお店に大事なのは、「差別化」ではなく「独自性」です。そもそも「差別化」とは、他と比べるということ。他人と比べたってなんの意味もありません。あなたはあなたでしかありません。まわりはまわり、それより自分自身の独自性を極めることに注力してください。自分が関心をもっていることを徹底して掘り下げていけば、自分にしかできない商品サービスへと育っていきます。

最初に「人生の背景」を掘り起こしから始めましたよね。なぜなのか。それは、あなたの人生は一つしかないからです。あなたの人生そのものが、究極の独自性をもっているのです。人生の背景からネタを掘り起こせば、エッジの立った他にないオリジナルな商品サービスが生まれていきます。

掛け合わせで独自性を生み出す

独自性を生み出すためには、掛け算発想を取り入れましょう。

たとえば、カフェを開きたいという場合、ただのカフェでは世の中に何千、何万とあるカフェとなにも違いは出ません。ここで、カフェ×ペット、カフェ×読書会、カフェ×雑貨など、他の要素と掛け合わせれば、他にはないカフェが生まれます。掛け合わせる要素は複数あったほうがよりとんがっていきます。

廃れていくことの中にこそチャンスがある

大型モールの進出やネットショッピングが普及して、地元の小さな商店街がシャッター街になったり、ネットの音楽配信が主流になってCDが売れなくなるなど、時代の流れによって消えゆく産業やお店は多々あります。しかし、やり方によっては衰退産業にこそチャンスがある、と私は信じています。デジタル全盛の今になって、昔のアナログのレコード盤が再び売れ始めているのはその一例です。

多くの人に売れなくてもいい。コアなファンをしっかりつかむ。小商いであれば、それで十分なのです。

私は森の中に小さな家をつくっていますが、まったくの素人なので知り合いの建築士さんにサポートしてもらっています。その中で感じることがあります。それは、日本の大工さんの技術は本当にすごいということ。これを廃れさせてはいけないと切に思います。仕口や継ぎ手（くぎを使わずに木と木をつなぎ合わせる技術）などの独自の伝統技術や職人さんの仕事ぶりをコンテンツにして世界中へ発信したら、きっと注目されるものになるはず。そう考えるとこれも商いのタネです。

日本には他にも後継者不足などで廃れかけているこだわりの技術が多数あります。廃れていくから将来がないではなく、少なくなるから希少価値になるという逆転発想で考えれば濃いファンをつくることができます。古きを大切にし、新しい風を吹き込む。そんな視点に立ってみてください。

ネタは「普段の会話」のメモから

商いのタネは、一見つまらない、些細なことの中に埋もれているものです。営業先での取引先との本題以外の会話、掃除のおばちゃんとの他愛のない雑談、電車の中で聞こえてきた女子高生の会話などなど。それらは、アンケート調査からではつかめないリアルな情報です。そして、そういう中にこそ生きたネタがあるのです。

大事なことは、忘れないようにその場でメモを取ること。そのときは気になっても、案外すぐに忘れてしまいます。いつもネタ帳をもち歩き、「おや？」「なるほど！」と思った小ネタを書きためてください。目の前でメモを取ると相手も真剣に話してくれる場面もありますよね。**だれもが気にしないような他愛もないことに関心をもつ姿勢が商人スキルを磨いていきます。**

- あなたの人生の背景に唯一無二のネタが潜んでいる
- 掛け算で独自性を高める
- 廃れているからだめではなく、チャンスありと考えよう
- メモをもって小ネタを集めよう

情報発信で顧客のニーズをつかむ

発信しながら「やりたい」をかためる

自分の専門分野を決め、商いのかたちをつくり、売るものを決めても、まだスタートではありません。お店をオープンしても、最初からお客様が切れ目なく来るということはありません。だからオープン前から見込み客を開拓しておくのです。といっても、大層なことではありません。自分の想いやこれからやりたい商いのこと

を、ブログで発信し、少しずつファンをつくっていきます。

タイミングとしては、自分の専門分野や売りたいものがだいたいかたまったあたりから。

会社員をしながら商いづくりの準備をしている人なら、会社員時代のうちから始めます。まず書くことに慣れていきましょう。自分のことを知ってもらうには文字にするのがベースです。もし書くより話すほうが得意なら、ラジオメディアで発信したり、録音した音声を文字に変換する方法もあります。顔出しできるなら動画を撮って公開してもいいでしょう。

発信すれば、頭の中で考えていることが整理できます。「あ、自分はこう思ってたんだ！」と商いの方向性がまとまっていきます。本当にやりたいことが見つかる場面につながることもあります。さらに「いいね！」をもらえたり、コメントをもらえたり、なんらかの反応があります。これから始めようとする商いが世の中にどのように受け止められるのかを知る一助になります。自分の考えをまとめ、第三者の反応を見ながら、商いの中身をかためていけばいいのです。

世の中にはたくさんのブログや動画がありますから、すぐに見つけてもらえるわけではありません。時間をかけて育てるつもりで始めましょう。こつこつ書いていくことで少しずつファンが増えていきます。Twitter や Instagram などのＳＮＳも発信ツールの一つ。まずは自分がやりやすいもので一定期間続けられるものからスタートしてみてください。

ブログから集客、出版につながった例も

伊澤直人さんは、アウトドアイベントとスクール運営を商いの中核にしていますが（122ページ参照）、商いを始める前からブログを発信してきました。最初はなかなか集客には結びつきませんでしたが、100本目あたりから手応えを感じるようになり、SNSとも連動しながら2～3年地道に続けるうちに、少しずつ集客ができるようになりました。そんな中、自分で書いて無料で公開していた「野営マニュアル」がある日、出版社の目にとまり、本となって出版されることになりました。発信を続けてきたからこそこんなチャンスもめぐってきたのです。出版によってさらに知名度が上がりTV出演。今では放っておいても申し込みが入るようになってきたといいます。

ホームページは少しお金をかけてつくり日々育てていく

ブログは無料で始められるのがメリットです。準備期間は無料のブログで発信を始めて、ある程度慣れ、商いを本格スタートするときが来たら、自分のホームペー

ジへと移行していきます。ホームページは、現在ワードプレスというシステムが基本になっています。最低限の知識は勉強して、実際制作するときは信頼がおける専門業者に依頼しましょう。たまに自作する人もいますがそこに時間をかけるのは本末転倒、それよりも発信に注力してください。素人感満載のホームページを見て買おうとはだれも思いませんよね？　ホームページ制作には一定の投資をしてください。ホームページを運営するためには、制作費のほかに、サーバー利用料、ドメイン使用料が年間1～2万円程度かかります。

ホームページは、まさに「自分のお店」。日々のメンテナンスは売り場に手を入れること。情報発信は24時間働いてくれる営業マン育成と同じです。しっかりした基盤をつくって、毎日ちょっとずつ手を入れていくことを励行してください。ウェブ系は地道にこつこつやっている人だけに成果が出る世界です。

想いや人となりを伝えることも意外と大事

ホームページには、会社紹介や商品紹介だけでなく、あなたのプロフィールを掲載してください。自分がなにかを買おうとして、あるホームページを訪れたとき、決め手になるのは何ですか？　多くの場合、「どんな人がこれをつくっているのだろう？」「売り手はどんな人なのだろう？」「どんな想いで商いをやっているんだろう?」と気になるはずです。

学歴や職歴を羅列するだけのプロフィールは意味がありません。あなたの人となりがにじみでるようなストーリーを書き起こしてください。

ポイントは「なぜこの仕事をしているのか?」。こんな生い立ちでこんな経験をしてきた。だから今この仕事をやっているというもの。これって、「人生の背景」で掘り下げてきたことですよね。そう、ここでもあなたの人生が武器になるのです。

お客様は、商品やサービスだけを見て買うのではありません。「この人なら信頼できる」「この人の考えに共感できる」「同じ買うならこの人から買いたい」と思って買うのです。だから、あなたの考えや価値観がわかるストーリーが大事なのです。

たとえば私の場合はこんな感じです。

「…(前略)…学校を卒業、新卒で大手家電販売会社に入社しました。…(中略)…同期No.1で管理職に昇進、幹部候補生に。30代半ばまで順風満帆の会社員生活を歩みました。そんなある日事件を起こします。…(中略)…この事件をきっかけにサラリーマン失格人生が始まりました。左遷、降格、減給。部署をあちこち渡り歩きました。最後に行った支社には部下いじめで有名なトップが待っていました。約1年に及ぶ人格否定の毎日。行き場を失い自殺を考えました。今でいう極度のうつ状態だったと思います。…（後略）…」

私の人となりを知ってもらいたいので、良いことよりも、マイナスの経験をすべてさらけ出しています。苦労、挫折、失敗経験を包み隠さずオープンにすることで同じような経験をした人から共感していただき、ご縁ができていきました。

実際、プロフィールを見て「自分も同じような境遇にいて、こんな経験をした三宅さんなら信頼できると思いました」などスクールに入る決め手を話してくれる人も多数いらっしゃいます。初めて会ったときも、私の背景を知っているので、相手も自己開示してくれやすくなります。プロフィールは立派なものでなく、自分の人となりが伝わるものにしていきましょう。

まとめ

- 開業前から情報発信をして見込み客を開拓しておく
- 最初は無料のブログで、いずれは自分のホームページをつくる
- 自分の人となりがわかるプロフィールをホームページに載せよう

テストマーケティングをする

店を構える前にローリスクで試してみる

　ブログやホームページで情報発信を続けると、自分の商いの中身やお客様がどんなことを求めているかがだんだんつかめてきます。それでもまだ、いきなりお店を構えるのはリスクが大きすぎます。実際に商いを始める前に、限られた人数、場所でテストマーケティングをしてみましょう。

オンライン販売、レンタルスペースなどで試してみよう

　テストマーケティングは、知り合いにだけお試し価格でサービスを提供してみる方法です。リアル店舗を構える前にウェブサイトでオンライン販売だけをやってみる、時間貸しのレンタルスペースやレンタルキッチンでサービスを提供してみるなど、方法はいくつかあります。

　スウェーデン式マッサージサロンを商いにした岩見俊哉さん（132ページ参照）は、予約があったときだけレンタルスペースを借りて、マッサージの施術をするという

そうです。

方法で、まず知人からサービス提供をスタート。「気持ちがいい」「癒された、ありがとう」などの声を聞いて、「これを自分の商いにしよう」と決意を固めていった

私の場合は、一人商いスクールを運営する傍ら、「焚き火カタリバ」という場づくりをしていました。焚き火で〝素〟のコミュニケーションができる場をつくりたくて、金曜日の夜、都内のキャンプ場を借りて、会社帰りに気軽に焚き火を囲める場を設けました。食事やお酒も提供しながら、焚き火を囲んで静かに語り合うもので、思いのほか好評で3年くらい続けました。この様子をブログで発信し、それを見て興味をもった人が参加するという好循環も生まれていました。

焚き火カタリバに訪れる人たちは、なぜ来たのか、なにを求めて来たのか、なぜリピートしてくれるのか、雑談の中からニーズを探っていきました。最初の頃、お酒や食事をたのしみに来るのかも？　と思ったときもありましたが、話を聴いているうちに「焚き火を囲んで少人数でまったり静かに過ごせる時間」を求めて来るのだということがわかりました。その後、このテストマーケティング的活動が発展し、中古ログハウスを購入。焚き火カタリバで得たノウハウをもとに「焚き火の宿」をオープンしました。一日一組限定・完全予約制です。オープンの告知や集客は、そ

れまで長年育ててきたホームページを活用し、軌道に乗せていきました。なにもなければゼロからの集客になって苦労したことと思います。この宿は妻と2人で運営、1年半経ったあたりから好評を得るようになり、すぐに予約が埋まるような状態にまで育ちました。

いきなりハコ（宿）を構えるのはリスクが大きい、だからキャンプ場というテンポラリーな場で出張方式で試してみた事例です。

振り返ると、3年間実験的に出張方式でやってみたことで、お客様によろこんでいただけるサービスができたのだと再認識します。きっと頭の中で「こういうサービスがいいんじゃない？」と考えていただけでは難しかったでしょう。「実験を重ねる」ことは結果を生み出す重要なプロセスなのです。

シミュレーションをやりすぎてもだめ

このようにテストマーケティングは重要です。かといって、やる前からあまり考えすぎてもよくありません。ある程度感触をつかんだら、とりあえずスタートしてください。商いはやってみないとわからないことがたくさんあるからです。やってみて、走りながら考え、軌道修正して、ホンモノにしていきましょう。

そのためにも、何度も言いましたが、借金してまでハコを構えない、固定費をなるべくかけないことが鉄則です。売上が上がらなくても借金の返済や固定費の支払いがなければ、なんとかやっていけるものです。

第5章で紹介する伊澤さんや岩見さんも、「商いが軌道に乗るまでは、貯金を切り崩したり、前職のつてで単発のアルバイトをしながらしのいでいた」そうです。「そんなことまでしないといけないのか」とひるむ人もいるかもしれませんが、伊澤さんはむしろ、「早く本業一本でいけるようになりたいと、励みになった」といいます。自分軸がしっかりしていたからこそ、ぶれることなく困難にへこたれず、前を向いていられたのです。

「なんの計画もなくとにかくやってみる」のはNGですが、自分軸からしっかり考えて選んだ選択肢なら、ある程度シミュレーションをした段階で、勇気を出して一歩を踏み出しましょう。

- お店を構える前にハコがなくてもできる方法を試す
- ある程度テストをしたらあとは勇気を出して一歩を踏み出す
- 商いはやってみないとわからない

出店方法を決める

立地の発想を変えよう

ホームページでファンを増やし、テストマーケティングで方向性を確認したら、いよいよ出店準備です。しかし、何度も述べてきたように、リアル店舗だけがお店ではありません。自宅を事務所にしてお店はウェブサイトだけ、という商いもめずらしくありませんし、レンタルスペースでも商いはできます。駅近の好立地にお店を構えようとすると、大きな資金が必要になります。自分のやりたいことは、本当にそのような場所でなければできないのか、とよく考えてみましょう。駅から遠くて、わざわざ探して行かなければならない場所に出店して、成功しているお店はたくさんあります。

私の妻は信州の地へ移住のフィールドを決める際、周囲にどんなお店があるかGoogleMapで探し、1軒のパン屋さんを見つけました。周辺には畑しかないようなところです。なぜこんなところに？ と興味をもってホームページをチェックしてみたら、おしゃれな内装のお店でパンもおいしそうです。ホームページには、店主がなぜ、どんな想いでこのお店をオープンしたのかのストーリーも書かれていました。これを読んで共感し、ぜひ行ってみたいと訪ねてみました。自宅に隣接した古い倉庫をＤＩＹでリノベーションしたすてきなお店です。パンだけでなく、センスの良い雑貨も並んでいます。地元では有名なお店らしく、パンも雑貨も田舎にしては割高感があるのですが、わざわざ遠くから買いに来る人もいるそうです。遠くから何度も来なくていいように、ネットでも販売しています。最初に行ったときはパンを買い、後日再び行って雑貨を買いました。その後も顔を出しています。そこには、もう一度行きたくなる魅力があったのです。

この店が東京の代官山あたりにあったら、珍しくもなかったでしょう。車でしか行けない不便な場所にあるからこそ価値があるのです。不便なところまで足を運ぶ人は、事前にしっかりお店の情報を見て共感し、買う気になっている人です。通りすがりの一見客を相手にしていたらできないことですね。もちろんリアル店舗だけでなくオンライン販売をすることで、物理的に来られない人にも間口を開く。これからの小さなお店づくりの方向性として学ぶところがたくさんありました。

二拠点・地方移住も視野に入れよう

このお店の事例でもあるように、地方移住も視野に入れることをおすすめします。

自治体によっては、地方移住者に家賃補助をしたり、移住支援金を支給してくれる、空き家のリノベーション費用を補助してくれるところもあります。リモートワークやオンラインストアならどこに住んでいても関係ありません。

いきなり田舎に移住するのが不安なら二拠点生活もありです。私は、今は信州に住んでいますが、以前は都内近郊と埼玉の山の中で二拠点生活をしていました。講演セミナーやコンサルティングの仕事は町の自宅オフィスを拠点として行い、週末には山の中で焚き火の宿を運営する生活をしていたのです。その後、もっと広くて森が美しいフィールドを求めて信州の地を見つけ、1年前から移住してしまいました。最初は不便を感じるかなと思っていましたが、フタを開けるとまったく逆で、空気もよく樹々に囲まれた暮らしは心身をリフレッシュし、仕事の生産性も各段に上がりました。

このように今の時代はどこでも仕事ができるのだということをぜひ知ってください。森の中にいても最先端の仕事ができます。都心のオフィスビルが最適の環境なんて思い込みから自由になってみると、可能性が広がります。

もちろん、リアルで人と会うことは大事ですし他には代えられません。かといって毎回会う必要もありません。一度顔合わせをすれば、あとはオンラインでつながればいいのです。オンラインだからこそ沖縄から北海道、ひいては海外まで場所を選ばず会うことができます。オンラインだと、「今、ちょっといいですか？」と、思い立ったときに顔を見ながら頻度高く会話することができます。大切なのは「物理的距離ではなく心の距離」。コロナ禍で実感した「リアルの価値」と「オンラインの効用」をミックスした働き方をぜひ志向してみてください。お客様との「つかず離れず」の関係性。これも商いの鉄則の一つなのです。

リアル×オンラインで組み立てよう

「リアルの価値」を掘り下げてみましょう。オンラインが当たり前になると、リアルで会うことは貴重な機会であり、付加価値になります。たとえば、全5回のオンラインセミナーのうち1回をオフラインの交流会にし、「セミナー参加者だけが交流会にも参加できますよ」と言えば、それを目当てにセミナーを受講しようと思う人も出てくるでしょう。リアルとオンラインどちらも参加可能なハイブリッドにすると選択肢が増え、「物理的に行けない」という人に参加できる機会を与えられます。

これからの商いは、オンライン、リアル、両方を組み合わせることが基本です。実物を見て確かめる、実際に人とふれあうなど、リアルだからこその良さ、遠方の人も参加できる、わざわざ来なくても購入できる、移動時間がいらないなど、オンラインだからこその良さ、双方を組み合わせた商いを考えましょう。

物件を購入するなら売るときのことも考えよう

リアル店舗を構える場合、物件を購入するなら、先に述べたようにあえて不便な場所を選んで初期費用を抑えるなどの視点をもってください。そしてもう1つは、最悪の場合を考えて〝売れる〟物件を選ぶことが重要です。

既に述べたように、私は中古ログハウスを購入して、「焚き火の宿」という宿泊業を始めました。しかし、数年で手放してしまいました。商いとしてはうまくいっていましたが、「よく考えたらこれが本当に自分のやりたいことではない」とずっとモヤモヤしていたため、敢えてやめる決断をしたのです。幸い、ログハウスにはあまり手を加えておらず、また日々ていねいに手入れしていました。リフォームなどせずにそのまま住居として使える状態だったことで、次のオーナーの方に引き継ぐことができました。

個人旅行業で商いをおこした田辺さんは、コロナ禍で旅行業がピンチに陥ったときに、1千万円で中古住宅を購入してグループホーム経営をスタート。「中古住宅には安定したニーズがあるので、グループホームがうまくいかなければ売却すればいいと思って買った」といいます。実際にはその心配は杞憂に終わりましたが、賢明な判断です。

物件の購入には大きなリスクが伴います。買う段階からだめになったときのことを考えろと言うのはネガティブに思えるかもしれませんが、リスクヘッジは必要。「売りやすい物件を購入すること」「他の用途でも使えるようあまり手を加えないこと」は覚えておいていいコツです。

まとめ

- 人通りの多い場所に店を出すという発想をリセットしよう
- 固定概念をはずした地方移住・二拠点商いも視野に
- オンラインとリアル双方の強みを活かそう
- 物件を買うなら売るときのことも考える

開店して終わりではない

まず知ってもらう、来ていただいたらきちんと対応する

　さて、いろいろな手順を経て、ようやくオープンにこぎつけたとしましょう。でも、スタートはここからです。

　まず、「ここにお店がオープンしたよ！」ということを見つけてもらわなければ始まりません。事前に育ててきたブログやホームページがここで威力を発揮します。既に見込み客となるファンが集まっているはずですから、効果的に告知ができるでしょう。チラシやパンフレットなどの印刷物をつくる場合はネット印刷を利用すれば安価にできます。しかし、印刷物よりネットのほうが費用がかからず、手軽かつ広範囲に告知ができます。とにかくできそうな手を尽くして認知集客していきます。大量行動あるのみです。

　来てくれたお客様にはちゃんと対応します。お客様を大切にすることが基本中の基本です。大切にすればリピーターになってくれますし、その人が別の人を連れてきてくれます。リアルショップでもオンラインショップでも同じです。ネットで問

い合わせやコメントをもらったら、なるべく早く心をこめて対応します。

お客様と対話しながら育てていこう

お店を継続していくためには、リピーターの獲得が重要です。もう一度来てもらうにはどうしたらいいか、その答えはお客様の中にあります。お客様をよく観察して（といってもじろじろ見ると怖がられますのでそれとなく）、なにに関心をもっているか、どんなものを求めているかを探りましょう。雑談の中から、なぜここに来たのか、どんなことを期待していたのか、それとなく聞き出しましょう。

こだわりをもってお店をつくったはずですが、そこに固執していてはいけません。「ワクワク熱量」×「やってきたこと」×「求められること」の公式は覚えていますよね。「求められること」抜きでは商いは成立しません。こだわりはもちながらも柔軟に、お客様の声を聞きながら商品やサービスを少しずつ改善し、お店を育てていってください。

自分メディアでファン＋関係性づくり

準備段階だけでなく開業後も、ホームページを自店メディアとして積極的に活用しましょう。更新頻度は重要ですが、なかなか手が回らないものです。コツは毎日必ず一度はホームページにログインすること。お客様と会話していて「これは載せておきたい」と思った声やヒントがあったら、その日のうちにちょこちょこ追記するといったやり方で継続的に更新していきましょう。先に述べたようにホームページはお店です。毎日手入れをするのは当たり前という感覚をもつようにしてください。

記事を書くなら、商いにまったく関係のない雑文よりは、商いの内容や専門知識、こだわりや想いを書きます。そのほうがコアなファンを獲得できます。

パーソナルジムを運営している武内教宜さん(117ページ参照)は、最初は日常の出来事などの雑文をブログに書いていたそうですがまったく反応がありませんでした。その後、ホームページをきちんとつくり、ダイエットや筋トレについてパーソナルトレーナーならではの専門的な情報を詳しく書くようにしたところ、3週間くらいで手応えを感じ始め、ホームページから顧客獲得につながり、今では9割ネットからの集客で商いを回しています。

記事は、不特定多数に見てもらうことを目指すのではなく、あなたがお客様になってほしい人に心から伝えたいことを書きます。目的は「アクセス集めではなくお客様になってもらうこと」。これを忘れないようにしてください。

メルマガ配信もぜひ視野に入れてください。メルマガはブログやホームページと違って、お客様一人ひとりに直接届くメディアです。一度接点のあった人との関係性を深めていくために効果的な古くて新しいツールです。あなたの想いや商品・サービスを知ってもらうだけでなく、お客様へのお手紙を書くイメージです。「忘れないでね」という気持ちを込めて、月に1回とか2回、定期的に配信することをおすすめします。

記事内容は、お客様に役立つ情報を中心に、商品・サービスへのこだわりや、商いに関する最新情報を紹介します。あからさまな売り込みはNGです。関係性ができ、商品の価値を感じ、あなたの想いが正直で共感できるものであれば、自然と購買につながっていきます。

まとめ

- お店はできたら終わりではなく、お客様の声を聞きながら育てていく
- 自店メディアで発信し、お客様との関係性を紡いでいく

第4章 気になるお金のこと

資金計画を立てる

6カ月無収入でも食べていけるお金を貯める

会社員のうちは毎月決まった額の給料が銀行口座に振り込まれます。会社を退職したら、それがゼロになります。それでも住居費や食費、社会保険料、税金などは支払っていかなければなりません。開業してすぐにそれらを賄えるほど売り上げがあればいいのですが、そう簡単ではありません。日本政策金融公庫総合研究所の「新規開業実態調査」によると事業後1年間で黒字となった企業は全体の約60%。4割は赤字なのです。しばらくは、貯金を切り崩す日々が続くかもしれません。日々、残高が減っていく生活は心細いものです。追い詰められると、冷静な判断もできなくなっていきます。そんなことにならないためには、半年間は無収入でも生活していけるだけのお金を貯めておきたいものです。

具体的にはどのくらいのお金を用意すればいいのでしょうか。まずは、毎月かかる生活費をきちんと把握してください。そのためにぜひ一度、家計簿をつけてみてください。数カ月、家計簿を記録すると毎月の収支の動きがわかるようになります。

収支をみるという習慣は商いを始めてからも役立つので一石二鳥です。

生活費に加えて、商いにかかる必要経費も見積もっておかなければなりません。

必要経費とは、地代・家賃、水道光熱費、広告費など。そして借入金がある場合はその返済もあります。これらがどのくらいかかるのか、ざっくり計算しておきましょう。生活費＋必要経費が毎月出ていくわけです。この6カ月分を確保しておけば、ひとまず安心でしょう。なるべく早く、これらを賄えるだけの売上を上げることが当面の目標となります。

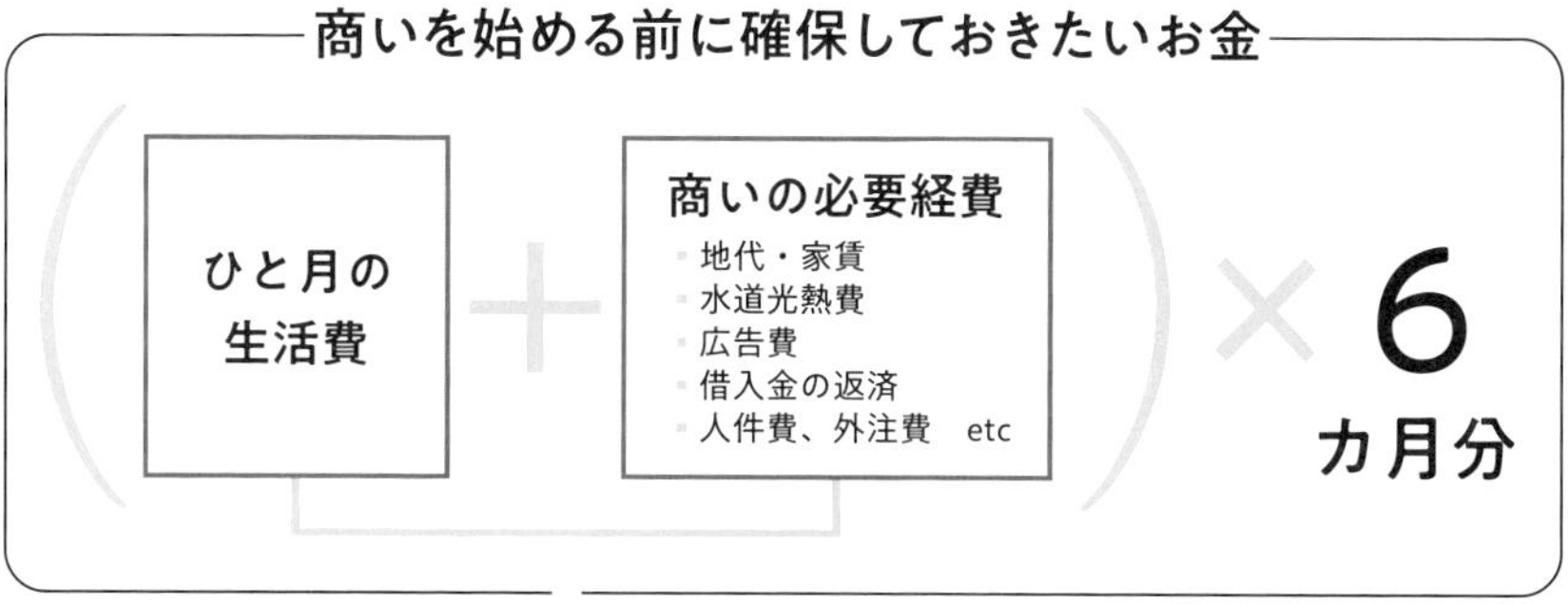

商いを始める前に確保しておきたいお金

（ひと月の生活費 ＋ 商いの必要経費）× 6カ月分

商いの必要経費
- 地代・家賃
- 水道光熱費
- 広告費
- 借入金の返済
- 人件費、外注費　etc

この金額が毎月出ていきます。日々資金繰りに追われないためには、必要経費をできるだけ抑えることがポイント。

必要な収入を3階建てで考える

自分がやりたい商いの具体化へ向けて、現実的なお金のやりくりを考えながら進めていく方法が「3階建て組み立て」です。

3階「Love work」本業（自分がやりたい商い）で稼ぐ
2階「Like work」今できることで稼ぐ。業務委託など
1階「Rice work」失業保険、貯金、アルバイトなど

の3つの合計で収入を組み立てていきます。

最終的に目指す姿は3階のみで生活していくことです。Love work つまり「愛すべき仕事」です。でも初期はなかなか3階で稼げないので、不足分を1階と2階の収入でしのぐという考え方です。

2階は今できること、やってきたことをお金に替えるというもの。たとえば英語が得意なので在宅で翻訳のアルバイトをするなどです。前の会社からスポット的に外注仕事を得るのも一つの方法です（そのためにも円満退社をすることが大事！）。FAA卒業生の中には正社員から業務委託へ切り替えて収入を得ながら3階へシフトした人も複数います。また、アルバイトをかけもちして苦しい時期をしのいだという人もいます。このアルバイト選びも重要で、3階となにかしら関連するものだとベストです。やりながら「こんなやり方があるかも！」と相乗効果が生まれるからです。

とはいえ、「本当にしたいことはこれじゃないのに…」とくじけそうになることもあるでしょう。そんなとき支えになるのが「自分軸」です。第5章の事例で紹介する伊澤直人さんも、商いが軌道に乗るまで、7割はアルバイト仕事で稼いでいたといいます。それでも「あきらめようと思ったことは一度もない。自分がなぜ独立したかったのかを思い出すと奮起できた」と振り返っています。この、ぶれない気持ちこそが、成功している人たちの共通点なのです。

3階建て組み立て

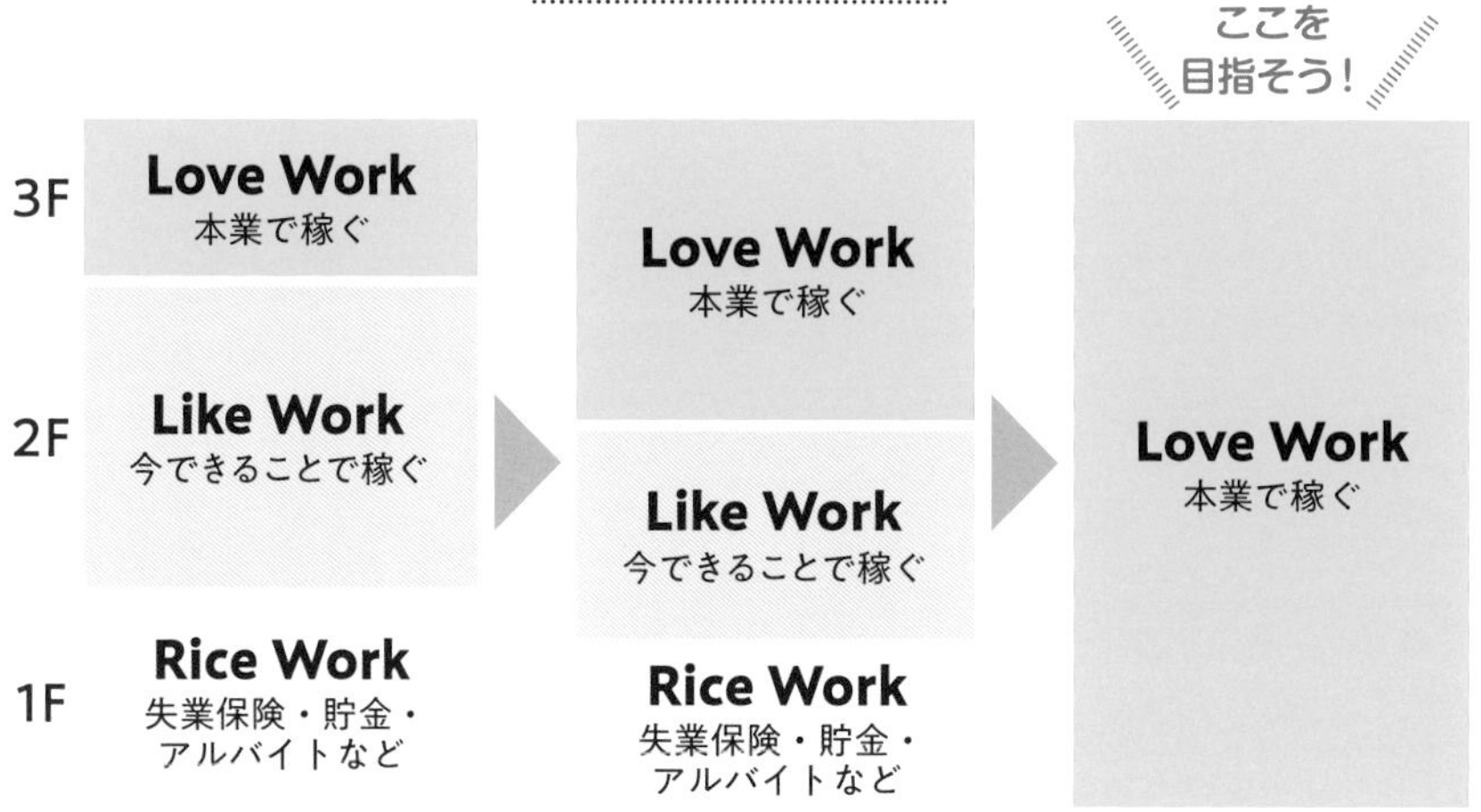

開業資金を試算する

開業にはどのくらいのお金がかかるのか、一般的な店舗を例に概算を把握しておきましょう。

開業に必要な資金には、大きくは、設備資金と運転資金があります。

設備資金は、店舗（内外装費）、保証金（賃貸の場合）、設備（カフェなら厨房機器など）、家具（テーブル・椅子など）、パソコンなどがあります。

運転資金としては、人件費、家賃・賃借料、水道光熱費、広告宣伝費、ホームページ運営費、その他雑費などがあります。

次の表は飲食店をそれなりの立地で出店した一例です。実店舗を構えるとしたら、設備資金にざっと350万円がかかります。運転資金としては、アルバイト一人を雇うとして人件費12万円、家賃を仮に20万円、その他の諸経費を合計すると40万円。開業資金としては合計390万円を用意しなければなりません。また、運転資金の40万円はその後も毎月出ていきます。

必要な資金		数量等	金額：円
設備資金	店舗（内外装費）	20坪	2,000,000
	厨房機器等		500,000
	保証金	賃料の2カ月分	400,000
	テーブル・椅子		200,000
	その他什器備品		300,000
	パソコン	1台	100,000
合計			3,500,000
必要な資金		数量等	金額：円／月
運転資金	人件費	アルバイト1人	120,000
	家賃・賃借料	20坪×坪単価15,000円	200,000
	支払利息		10,000
	水道光熱費		30,000
	広告宣伝費		10,000
	その他	消耗品等	30,000
合計			400,000

一般論を知って新たな視点で考える

ただしここまでの事例は従来発想のものです。これからのお店づくりは既成概念をリセットして組み立てていきます。費用の中で抑えられるものはないかを踏み込んで考えてください。店舗は立地にこだわらずお金がかからない場所を選ぶ、内装はDIYする、什器やテーブル・椅子はリサイクル品に手を入れておしゃれに仕上げる、アルバイトは雇わず一人でやれるオペレーションを考える…といった新たな視点でやっていけばここまでかけずにスタートできます。それと固定費はとにかくミニマムに抑えるということも忘れないように！

売上計画を立てる

売上の試算の仕方

売上は、飲食店の場合、席数×客単価×回転数×営業日数で計算します。1日6回転がフル稼働として、50％、30％の稼働率だとどうなるかも試算します。

表①は一例です。

収支計算の仕方

売上予測と、前項の運転資金で収支を計算してみると、表②のようになります。

原価は仮に30％としています。

表①　売上試算表

位：円	席数	客単価	回転数	営業日数	売上高
最大売上高	10	1,000	6	20	1,200,000
50%稼働率	10	1,000	3	20	600,000
30%稼働率	10	1,000	1.8	20	360,000

どうでしょうか。利益を出すには稼働率50％は目指さなければ厳しいことがわかります。細かい項目より表を眺めながら儲けを出す感覚を身につけていってください。とくに意識をおいてほしいのが利益です。売上がいくら大きくても利益がとれないと生活はできません。ついつい売上高にばかり目がいきがちです。要注意！

正直いって毎月の売上がどのくらいになるか、実際にやってみなければわからないので、やる前からあまり細かい計算をしても意味がありません。目安としてざっくりと把握する程度で十分です。

表②　収支計算表

平均：円		稼働率 30％	稼働率 50％	稼働率 100％
売上高		360,000	600,000	1,200,000
売上原価（30％）		108,000	180,000	360,000
経費	人件費	120,000	120,000	120,000
	家賃	200,000	200,000	200,000
	支払利息	10,000	10,000	10,000
	水道光熱費	30,000	30,000	30,000
	広告宣伝費	10,000	10,000	10,000
	その他	30,000	30,000	30,000
	合計	400,000	400,000	400,000
利益		▲148,000	20,000	440,000

単価（価格）はどう決めるか

単価をどう考えるかは悩みどころですね。価格は、原価、同業他社の相場、お客様からみた価値の3つを勘案してつくっていきます。原価とは商品をつくること自体にかかった費用です。原価に利益をオンしたものが単価です。同業他社の相場価格は参考として調べてください。同業他社とはお客様からみて比較対象になるお店です。あまりにかけ離れると選んでもらえなくなりますよね。最後に、なにより重要なのがお客様からみた価値。お客様は自分にとって価値ありと感じたらその対価を払います。自分がいくらの利益を稼ぐかより、誠心誠意、納得してもらえる商品サービスで価値を提供する、その結果適正な対価をいただくという基本原理を身につけてください。

複数の商品で売り上げを組み立てる

商いを始める前に、対象とするお客様像はある程度かためますが、想定するお客様にどのくらいお金を出していただけるのか、やってみないとわからないものです。走りながら調整していくという方法もありますが、最初から、複数の価格帯の商品・サービスを用意しておくことをおすすめします。

大きくは、「フロントエンド（低価格、お試し）」「バックエンド（高価格、本命）」の2種類です。

初めて入ったお店で高額な商品を買うのはだれでも躊躇するものです。そういう人のために、低価格でお試しできる商品もそろえておきます。まず、フロントエンドの商品で、「良さそうだな」と思ってもらい、次のステップでバックエンドの本命商品を買っていただくわけです。

たとえばイベント提供なら、フロントエンドは「参加費3000円の体験入門コース」、バックエンドは「参加費3万円の1泊2日プラン」といった組み立てです。飲食店なら、1000円のランチセットがフロントエンド、1万円のディナーがバックエンドといったイメージです。

まとめ

- 売上計画、収支計画の立て方を知っておく
- 価格は原価、同業他社の相場、お客様からみた価値を勘案して決める
- 商品・サービスは複数の価格帯で用意する

資金調達方法

本書では、なるべく初期投資を抑え、借金をせず、自分の身の丈に合った小さなサイズで商いを始める方法を述べてきました。しかし、どうしても資金が必要になることはあります。ここでは資金調達の一般的な方法を解説します。

国から借りる

第一候補は日本政策金融公庫です。国が100%株式を保有する政府の金融機関で、新創業融資制度を利用すれば、無担保で3000万円（うち運転資金1500万円）まで融資してくれます。固定金利で返済期間は最大20年と長期間なのも民間の金融機関にはない魅力。融資を受けるには、創業計画書や月別収支計画書、企業概要書、資金繰り表などの書類を提出し、審査に通る必要があります。

助成金や補助金情報を探す

自治体が支給する、創業助成金や補助金があります。たとえば東京都中小企業振興公社は、都内で創業予定または創業後5年未満の中小企業者等に100万円から

３００万円（助成対象の経費の２／３以内）の助成を行っています。助成金の情報はネットで検索して探します。毎年変わるのでこまめにチェックしましょう。

クラウドファンディングで資金を調達する

クラウドファンディングとは、「インターネットを介して不特定多数の人々から少額ずつ資金を調達する」こと。「こんなモノやサービスをつくりたい」「世の中の問題をこう解決したい」という想いのある人は「ＣＡＭＰＦＩＲＥ」などのクラウドファンディングのウェブサイトにプロジェクトの概要を公開し、想いに共感した人は寄附をするという仕組みです。メリットは、審査などが不要で手軽にお金を集められること、また、エントリーすること自体が新しい商いの宣伝やテストマーケティングになるなど。ただしこれは、最初に目標額を設定して、目標額に到達しなければ集まったお金を返還しなければなりません。プロジェクトの内容がおもしろくて共感を呼ぶものでなければ、１円ももらえないという厳しさはあります。

民間の銀行から借りる

信用のない個人が銀行からお金を借りるのは簡単ではありませんし金利も日本政策金融公庫と比べると高いです。ただ、銀行を訪ねて融資担当者に自分の事業計画を話してみるという経験は一度やってみてもいいかもしれません。金融機関の人がどこを見るのかのポイントがわかったり、業界の動向を教えてもらえるなど、勉強になることもあります。公式に第三者に説明することで、自分のやりたいことの方向性が明確になってくるという効果もあります。度胸試しのつもりで行ってみてもいいでしょう。

このように、資金調達の方法はいくつかあります。資金調達のための書類作成は煩雑で面倒かもしれませんが、書類をつくる過程で自分の商いの全体像が明確になってくるという場面もあります。逆に、書類がつくれないということは、まだやりたいことがかたまっていないということなのかもしれません。頭の中にあることはいつも「言語化」するトレーニングを重ねてみてください。

まとめ

- 借りないですめば一番。借りるなら国から
- 助成金情報にもアンテナを立てよう
- クラウドファンディングは、資金調達のみならず販促やリサーチの場にもなる

第5章

私たち、こうして自分の商いを育てました

ドライフラワーショップ
堀内達也さん
光希さん

File No.1

【手づくり店舗で初期費用を最小限に】

田舎の小さなお店で世界にただ1つの作品をつくる

セルフビルドで建てられた、わずか3坪のドライフラワー専門店。お店に一歩足を踏み入れるとそこは、生花のお花屋さんかと見まがうほど色鮮やかな花々が並んでいました。雇用されるよりは自分たちで商売をしたいと決意し、ご夫婦でお店を開いて約半年。少しずつお客さんを開拓中。

DATA

以前の職業：夫）航空自衛官
妻）菓子製造会社勤務
屋号：SELAM
業種：ドライフラワーショップ
年間売上：非公開
自分軸：やりたいこと、おもしろいと思うことをやる

商いの理念

お客様と距離の近い小店舗で対面のお付き合いをする。お客様の雰囲気や要望に合わせて、その人のための、ただ一つのアレンジを提供する。お子様づれでも来店しやすいお店づくり。

やりたいことが決まらず貯金を切り崩す

妻――菓子製造の仕事をしていましたが、妊娠し、つわりがひどくて退職。しばらくは子育てに専念し、その後復帰して、2年くらいパートで働いていました。

夫――私は20年務めた仕事を辞め、アルバイトをして暮らしていました。

雇われるより自分たちでなにかしよう2人で話し合いました。とくに、妻はセンスがあるのでなにかものづくりをしてほしいと思っていました。

お菓子屋さん、農家、花屋などいろいろアイデアはありましたが決まらず、1年間くらい迷っていました。貯金は結構ありましたが、毎月どんどん減っていくので不安で一杯でした。

妻――考えた末、ドライフラワー屋はどうだろうと思いつきました。生花と違ってロスも出にくいし、ドライフラワー専門のお店は他にあまりないので特徴が出せると思いました。

母がフラワーアレンジメントの先生をしていたものの、これまでお花には興味はなく、まったくの素人。でも私は夫と違って楽観的なので、なんとかなると思っていました。

店舗探しに苦労し自分でつくることに

夫――事前に情報収集をしたところ、市場で花を仕入

開業までのヒストリー

2014年	妊娠・出産で仕事を一時中断
2019年	パートで働く
2021年	夫婦でお店をもつと決める
10月	仕入れに必要なため開業届を出す
2021年 10月～	物件探し
2022年 2月	庭にテントを張り野外販売の実験も
2022年 4月	良い物件が見つからず自宅の敷地内に店舗を建てると決意
2023年 2月	店舗が完成。オープン（夫37歳、妻32歳）

開業準備

準備期間

約1年

準備内容

- 情報収集
- 独学で技術の習得
- 仕入れルートの開拓
- 庭にテントを張り試験的に野外販売
- お店をDIYで建設
- カウンター、棚などの什器も手づくり
- Instagramで宣伝

購入したもの

- 材料としての花
- 花器
- ラッピング用品

れるためには、まず開業して市場に出入りする許可を得る必要があることがわかりました。そこで、開業届を出し、とりあえず開業。その後、店舗を探し始めました。おしゃれに改修して使える古民家を探しましたがなかなかこれという物件が見つかりません。半年ほど探しても見つからず、貯金はどんどん目減りしていくばかり。そこで、思い切って自宅の敷地内に小さな店を建てることにしました。

そもそも自宅も、東京都内では地価が高かったため、安い土地を求めて今いる埼玉県に移住してきました。

妻――店舗は、夫がDIYでつくりました。夫はモノづくりが好きで、家の本棚、ウッドデッキなどもつくったことがありましたが、家をつくるのは初めて。知り合いの木材屋さん、サッシ屋さん、板金屋さんたちに資材を手配していただき、独学で5カ月かかって完成しました。費用は材料費のみ。棚やカウンターは、ご近所で不要になった古材を譲り受けてつくりました。

トライアンドエラーで少しずつお店づくり

妻――開業したものの、最初は知らないことばかり。

市場に行ってもなにを買えばいいのか、買い方もわからない。周囲はプロの仲卸さんやバイヤーさんばかりで、新参者には入りにくい雰囲気がありました。

資金繰り

開業資金	
店舗材料費	
内装工事費	150万※1
設備費	
備品・消耗品費※2	20万
広告宣伝費※3	3万
合計	173万円

※1　材料費のみ（手づくりのため）
※2　花器、ラッピング用品等
※3　名刺、ショップカードなど

運営資金	
人件費	0
賃貸料	0
仕入れ	10万
水道光熱費	0.1万
合計	10.1万円

資金調達	
自己資金	173万
借入	0
合計	173万円

直近の年間収支（概算）	
収入	非公開
支出	10万
収支	非公開

たくさん儲けることよりも、お客様と顔の見える関係の中で、お客様のよろこぶものをつくっていきたい（堀内）

何度か通いましたが、市場は朝が早いので子育てとの両立が難しい。ネットでも仕入れられると知り、今はネットで仕入れています。

　ドライフラワーの知識はまったくなかったので、ネットで調べてトライアンドエラーで学んでいきました。

夫――妻のセンスを信頼していましたが、すぐに売れるレベルの作品をつくれるようになったのはさすがだと思います。

妻――最初に売れたのはクリスマスリース。友達が買ってくれて、他の人にも紹介してくれました。

たくさん売るよりも唯一無二のものを

妻――宣伝はインスタグラムのみ。チラシをつくってポスティングをしたこともあるのですが、「関心がない人に配っても意味がない」と思い、やめました。

　オンラインでブーケやリースの注文を受けて発送するということも数回試みたのですが、今は対面販売のみにしています。

　お金を稼ぐという意味では、オンライン販売もやったほうがいいのかもしれませんが、私は同じものを量産するよりも、一人ひとりの要望を聞いて、その人だけの一点ものをつくりたい。お客様の顔を見て、その人の雰囲気やその人から聞いた話からイメージを膨らませ、その人に合った唯一無二のお花をつくりたいので

◀お客様の顔を思い浮かべながら、一つひとつていねいにアレンジ。

▼5カ月かけて手づくりした3坪の店舗。

▲内装、什器もすべて達也さんの手づくり。

▶親子で来られるお店が理想。お母さんが花を選んでいる間、子どもが遊べるようキッズスペースを設けている。

す。最初はインスタグラムで知ったという人でも、お店に来ていただいて対面でお付き合いすることにこだわっています。

短い営業時間でもロスを抑えて利益を出す

妻——営業は週3日のみ。子どもの幼稚園の送迎のため、開店時間は10時から15時まで。来客数は1日5人いるかどうかですが、受注生産が基本なのでロスがなく、利益は出ています。

　ドライフラワーというと、茶色いイメージをもつ人が多いですが、新鮮な生花を正しい方法でドライにすれば生花と遜色なく色鮮やかに仕上がります。生花より長くたのしめるので、一度

成功の秘訣

- 初期投資を極力抑えている
- 固定費がほぼかからない
- 受注販売が基本でロスを出さない
- やりたいことしかやらない

お買い上げいただいた方はその良さに気づいて何度も買ってくださいます。

　従来は生花が常識だったブライダルでもドライフラワーを使用する人が増えてきました。これからドライフラワーの認知度は上がっていくと思います。

おもしろいと思うことをやっていく

夫——なんの事業をするか最初は迷いましたが、結局、やりたくないことは続かない。おもしろいと思うことをやろうと決めました。少しずつ事業を拡大しやりたいことを実現していきたいです。

　今回店舗をつくったことでDIYのスキルもアップしたので、DIYのサポートも事業として始めています(diytette.com)。

　なるべく無駄を出さない、地域のものを使って手づくりするなど、想いを同じくする者たちが集まって小さな村のようなコミュニティができればいいですね。ドライフラワーショップだけでなく、コーヒー屋があったりドッグランがあったり。

妻——私は子どもの頃から、なにかつくって人にあげてよろこんでもらうのが好きでした。以前、菓子製造の仕事をしていたのも、お菓子をあげるとみんながよろこんでくれるから。今はお花でお客様によろこんでいただいています。

　たくさんのお客さんに受け入れられなくても、狭く深く、興味のある方に刺さるようなものをつくっていきたいと思っています。

田舎にポツンと建つ手づくりの小さなお店。目立つ看板もありません。インスタグラムだけが宣伝ツール。まさにこれまでの店舗の常識をくつがえすお店です。対面販売のみで、「気に入ったお客さんだけ来てくれればいい」というのは一見、傲慢なようですが、それだけ一人ひとりのお客さんを大切にしているということ。一度気に入ってもらえればずっとリピートしてくれるでしょう。

パーソナルトレーナー

武内 教宜さん

File No.2

【開業前にHPで集客、 無店舗で試行】

事前集客で開店早々に予約の取れない人気ジムに

フリーランスのインストラクターとしてジムで働きましたが、「一人ひとりのお客様に向き合ってトレーニングをしたい」との想いから独立。1年前からブログを毎日更新して見込み客を集め、出張や貸スペースでパーソナルトレーニングを提供。その後念願のジムをオープンしました。

DATA

以前の職業：フリーランスの加圧トレーニングインストラクター
会社名：セカンドフィットネススタジオ
業種：トレーニングジム
年間売上：非公開
自分軸：自分にしかできないことを成し遂げたい。 人と違っても自分らしさをもって生きていきたい

商いの理念

人はいつでも何度でも挑戦できる。運動を通じてお客様の心と体の健康をサポートする。

27歳で自分のジムをもつと決意

スポーツ専門学校でトレーニングを学び、スポーツを仕事にしたいと思っていました。21歳からスポーツクラブでアルバイトを始め、24歳でフリーランスになり、いろいろなジムで働いていました。27歳のときに自分でパーソナルトレーニングジムのお店をもつことを決め、三宅さんのスクール（FAA）に参加しました。

〝ハコ〟づくりよりもブログで事前集客を

最初は、お店の内装や立地など、〝ハコ〟づくりのことばかり考えていましたが、三宅さんから、「ブログでファンをつくり、お客さんが集まった状態から始めたほうがいい」と言われ、さっそくホームページをつくり、1日1本、ブログを書いていきました。

以前も無料のブログサイトで身辺雑記的なコラムを書いていましたが、まったく反響はありませんでした。

しかし、ウェブマーケティングのプロのアドバイスを受け、ダイエットや筋トレなど専門的な内容のブログを書くようにすると、3週間ほどですぐに問い合わせがくるようになりました。

これがモチベーションになり、「ダイエット」「脂肪燃焼」など、検索にかかりやすいキーワードをちりばめながら、一冊の本を書き

開業までのヒストリー

2010年	フリーランスのトレーナーとしてジムで働く
	加圧トレーニングインストラクターの資格を取得
2013年	メンタルフィットネストレーナーの資格取得
	FAAに通い始める 専門家コラム配信スタート
2014年	プライベートスタジオオープン(28歳)
2020年	コロナでピンチに
	Facebookグループでオンラインコミュニティを始める(集客はYouTube)
	お客様とのトラブルによるストレスで体調を崩し、ジム運営を中断 1店舗目を閉店
	ボランティアなどで体を動かしながら回復
2022年1月	コンセプトを変えてジムを再スタート(36歳)

開業準備

準備期間

約1年

準備内容

- 開業資金の貯金
- 起業セミナーで学習
- 必要な資格取得
- 同業・異業のネットワークづくり
- 物件探し
- ホームページ制作

購入したもの

- パソコン
- ネットワーク環境
- トレーニング用器具

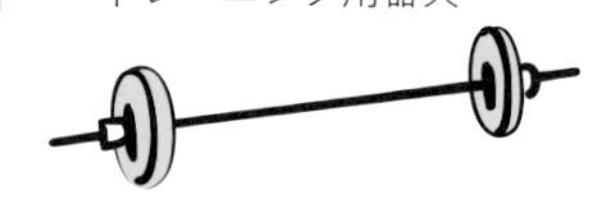

上げるくらいの気持ちで気合を入れて書いていきました。この間もインストラクターをしながら資金を貯めるとともに、加圧スペシャルインストラクターの資格も取得。開業準備を着々と進めていました。

出張や貸スペースで試験的に営業スタート

　ブログを見て問い合わせをいただいても、まだ店舗は構えていなかったので、お客様の自宅に出張したり、公民館など公共の場を借りてパーソナルトレーニングを行いました。

　自分の中で、「月20万円あれば家賃や光熱費を賄える」と試算し、店舗なしで月20万円稼げるようになったら店を構えると決めていました。軌道に乗るまでは実家に住まわせてもらい、生活費を浮かせました。約半年で収入の目途が立ったため、地元埼玉で物件を借りて、マンツーマン指導のプライベートスタジオ「セカンドフィットネススタジオ」をオープンしました。

　マンツーマンにこだわったのは、以前、フリーランスのトレーナーとしてジムで働いていたときに、せっかくジムに入ったのに続かなくて辞めていく人をたくさん見てきたからです。「もっとお客様一人ひとりに寄り添ったトレーニングができれば、よろこんでいただけるのでは」と、思っていました。

▲マンツーマンなので広いスペースを一人で独占できる。カウンセリングコーナーも。

▲一人ひとりに向き合い、ていねいにカウンセリング。「セカンドフィットネススタジオ」の屋号は、自分の人生と同様、一度挫折した人も何度もチャレンジできるという意味を込めている。

▲気合を入れて書いたブログは本にもなった。既に8冊の本を出版している。

ジムの名前は「セカンドフィットネススタジオ」。一度挫折した人も、もう1回チャレンジしてほしいという意味を込めています。

順調に売上を伸ばすもトラブルで閉店

あらかじめホームページで見込み客をつかんでいたので、オープン早々から売上は順調で、すぐに〝なかなか予約の取れないジム〟として知られるように。

ところが、6年半を過ぎた頃にピンチに直面します。新型コロナウイルス感染症の蔓延によって、まったく営業をすることができなくなりました。YouTubeでオンラインレッスンを始めましたが、リアルレッスンと

資金繰り

※パーソナルトレーナーの事例

1店舗目

開業資金	
内装設備・店舗看板	30万
家賃・敷金・礼金	50万
資格取得	40万
トレーニング器具	150万
ホームページ制作費	30万
店舗開業後の運営資金(予備費)	50万
その他	30万
合計	380万円

運営資金	
人件費	0
賃貸料	13万
水道光熱費	2万
Webコンサル・webサイト管理費	5万
その他	5万
合計	25万円

資金調達	
自己資金	380万
借入	0
合計	380万円

2店舗目

直近の年間収支	
収入	非公開
支出	非公開
収支	非公開

売上よりも利益をしっかり出すことを意識しています。健康を損ねると仕事にならないと実感したので、身体を休める時間を取ることも気をつけています(武内)

同じ料金はいただけないので売上は減少。さらに対人トラブルのストレスにより体調を崩してしまい、仕事を続けるのが困難に。お店を一度閉めざるをえませんでした。

ターゲットを変えて再出発

自宅で療養しながら地元のボランティア活動に参加して体を動かしたり、人と接するうちに徐々に回復。半年後には「もう1回やるぞ」と思えるほど元気になっていました。ただ、2店舗目は前回とコンセプトを変えて、経営者やビジネスパーソンを主なターゲットとすることに。経営者は、周囲に仕事のストレスや不安を相談できる人がおらず、孤独だといわれます。私自身もお店を経営しているので経営者の苦労や悩みに共感できるという強みを生かして、フィジカル面だけでなくメンタル面でもよきパートナーでいたいと思っています。

自分本位ではなくお客様の求めるものを

ホームページを使った集客に力を入れたことは成功のポイントだったと思います。ホームページの制作だけでなくウェブ解析にもお金を払い、どの記事がよく読まれているかどんなキーワードを入れるとページビューが上がるかなど、専門的なアドバイスは大変勉強

成功の秘訣

- ホームページで事前集客
- ブログは雑記ではなく専門的な内容を書く
- ブログには検索キーワードをちりばめる
- 店舗を構える前に無店舗で仮営業
- ターゲットを絞る

になりました。

　また、「プロダクトアウト」から「マーケットイン」に発想を変えたこともポイントです。つまり、自分本位にならず、お客様の求めるものを提供するということです。起業当初は人と違うことをしようと、メンタルフィットネストレーナーの資格を取得し、メンタルケアもできることを売りにしていたことがあります。他にやっている人はいなかったので一人勝ちできると思ったのです。しかし、他の人がやらないのはニーズがなくビジネスとして成り立たないからだとわかりました。そこを見誤って、だれも求めていないサービスをつくってしまわないよう、気をつけています。

「運動」と「ビジネス」を軸にした場づくりを

　ここ数年、フィットネスブームで、自分でジムをもちたいという人も多いです。しかし成功させるためにはちゃんとビジネスを学ばないと難しいと思います。

　私は、「運動」と「ビジネス」が好きなので、今後も、体を鍛えるのが好きな経営者やビジネスパーソンが集う場をつくっていきたい。ただ運動をするだけのジムでなく、趣味をたのしんだり、ビジネスに関する情報交換もできるコミュニティをつくっていきたいと考えています。

　人生は何度でもチャレンジできます。いろいろなことに挑戦し、自分にしかできないことを成し遂げることが私の自分軸ですね。

ひとことコメント

武内さんの最大の美点は「素直」であること。人のアドバイスを素直に聞いて、自己流の解釈をせずそのまま実践する。簡単なようでだれにでもできることではありません。しかし、これこそが成功の一番のポイントだと思います。私の助言どおり3年間、1日も休むことなくブログを書き、本も何冊も出しています。まだ若く、これからも別の花を咲かせるのではと期待しています。

野営家／週末冒険会主宰

伊澤 直人さん

File No.3

【キャンプをビジネスにする】

少数のコアなファンと深く長く関係性をつくっていく

幼少時からボーイスカウト活動に参加、18歳のときにスカウト活動で最高賞を受勲し皇太子殿下に拝謁した経験も。会社員は性に合わず悩んでいましたが、東日本大震災をきっかけに起業を決意。ブログでの集客や体験イベントなど試行錯誤しながら自分なりの商いをつくっていきました。

DATA

以前の職業：会社員（専門商社／営業職）
屋号：週末冒険会
業種：アウトドアイベントの企画・運営
年間売上：900万円
自分軸：自分が好きなこと（アウトドア・キャンプ・焚き火）、おもしろいと思ったことしかやらない

商いの理念

キャンプと焚き火を中心に大人がたのしめて、人生の糧となるアウトドア体験イベントを企画・主催する。管理されたアウトドアではなく、本物の自然を感じられる〝野営〟を経験したのしむ事業を運営。

会社員は無理。でも、なにをしたらいいのか…

中高生の頃から、自分は普通の会社員には向いていないと思っていました。大学を中退し、アルバイトは50以上したでしょうか。縁あって30歳の頃に一般企業に就職。しかし、やはり性に合わず、「この先何年も耐えられない。かといってなにをしていいかわからない」と、もやもやした日々が過ぎていきました。そんなときに、東日本大震災が起こりました。私の出身地のすぐ近くです。何人かの同級生が犠牲になりました。「人はいつ死ぬかわからない。いつまでもうだうだしていないで好きなことをやろう、起業しよう」と決意しました。でも、スキルもノウハウも資金もない。

ネットで無料の起業支援セミナーを見つけて参加しました。すると、いきなり開業資金の調達方法とか、融資を受けるための書類の書き方の講義が始まって「そこじゃないんだけどな」と。そんなとき、三宅さんのスクール（FAA）のチラシが目にとまりました。「なにをやったらいいかモヤモヤしているけれど独立したい人の商いのタネを発掘する」というようなことが書いてあり、「これだ！」と思いました。

昔、好きだったことを掘り起こす

開業までのヒストリー

2010年	さまざまなアルバイトを経て会社員に。性に合わず起業を考え始める
2011年	東日本大震災。人はいつ死ぬかわからない、と起業を決意 FAAで学び始める ブログを書き始める
2013年	試験的にキャンプイベントを始める。その後起業(40歳)
2017年	八ヶ岳に移住、土地を購入
2017年	『焚き火の達人』(地球丸)出版
2022年	『焚き火の教科書』(扶桑社)出版

開業準備

準備期間

約2年

準備内容

- 開業資金の貯金
- ブログやSNSで情報発信
- カフェセミナ―でファンづくり
- キャンプ場の物件探し
- ホームページ制作

購入したもの

- パソコン
- ネットワーク環境
- キャンプ用品

FAAに参加して最初にしたことは、自分はなにがやりたいか、なにができるかの掘り起こしでした。子どもの頃から好きだったことを作文に書いてまとめるという作業もしました。文字に書いてみると、「自分の好きだったこと」がありありと浮かび上がってきました。私の場合それは、「アウトドア」でした。大人がたのしめるキャンプと焚き火のアクティビティを私の専門にしようと決めました。

まず、ブログでファンをつくる

次にしたことは、ブログの記事を書くことでした。「3カ月間毎日1本ずつ記事をアップできるくらいブログを書きためる」という課題が出て、その頃はまだ会社員でしたが営業の合間にカフェで記事を書きためていきました。30〜40本書いたあたりで1日1本ずつブログを公開し始めました。100本目ごろから手応えを感じるようになり、読者登録数も百数十名になっていました。しかし、ブログの読者がお客さんになってくれるかは別問題。有料のキャンプイベントを告知しても、ブログから参加にはつながりませんでした。

考えてみれば、ネットで知り合っただけの見ず知らずの人といきなりキャンプ泊はハードルが高い。そこで、原宿の貸しスペースでキャンプ勉強会を開催し、

資金繰り

開業資金	
物件取得費	0
内装工事費	0
設備費	0
備品・消耗品費	50万
マーケティング・研究費	20万
広告宣伝費	30万
合計	100万円

運営資金	
人件費	20万
材料費など	120万
備品・消耗品費	20万
交通費	50万
業務委託費	50万
その他	30万
合計	290万円

資金調達	
自己資金	100万
借入	0
合計	100万円

直近の年間収支(概算)	
収入	900万
支出	非公開
収支	非公開

規模の拡大はせず、利益は参加メンバーに還元するつもり。一生付き合える親友のような顧客仲間が増えればそれでいい(伊澤)

私の人となりを見てもらって関係性をつくるところから始めました。

集まった人に話を聞いているうちに、キャンプをしたいけれどしない人には大きく3つの理由があることがわかりました。1つ目は道具がない、2つ目は車がない、3つ目は一緒に行く仲間がいない。この3つを解消する企画を考えれば、ニーズはあると思いました。

アルバイトで食いつなぎながら試行錯誤

最初はキャンプ場を借りてアウトドアのお試しイベントを開催し、少しずつお客さんを増やしていきました。しかし、生活できるほどではありません。以前の仕事のつてで単発の仕事を請け負い、アルバイトで食いつないでいました。

そんな生活を2、3年続けながらキャンプの様子をSNSで発信していたら、いつの間にか「いいね」が1000件を超えるように。今までメルマガを送って必死で集客していたのが、勝手に予約が埋まっていく状態になっていました。同じ頃、私のブログが出版社の人の目にとまり、焚き火の本が出版されました。これで知名度が一気に上昇。独立後3年半にして、やっと本業一本で生活できるようになりました。

一般受けを狙わずコアなファンづくり

◀▼海、山、川へのキャンプツアー、テントの建て方、焚き火の起こし方など野営の基本から応用までを学べる講習を提供。初心者コースもある。

▲セルフビルドのログハウス。自宅兼オフィスとなっている。

ブログは、検索されやすいキーワードをちりばめれば、8割の人が見てくれるといわれています。しかし私は、9割の人が素通りしても、1割の人に刺さればいいと思い、あえてキーワードのことは意識せず、キャンプの歴史や私が理想とするキャンプのスタイル、焚き火のことなど、自分の想いを書き続けました。そこに共感してくれたわずかの人たちが、今も通い続けてくれています。

起業4年目に、念願のキャンプ場を購入

起業して4年目に、八ヶ岳に460坪の土地を購入。ログハウスを建て、会のメンバー専用のプライベート

成功の秘訣

- 開業前にブログでファンをつくった
- 勉強会を開催し、顧客との信頼関係をつくった
- 体験イベントで顧客を増やしていった
- 自治体の補助金を利用して地方移住
- やりたいことしかやらない（儲かりそうという理由だけで他のことに手を出さない）

キャンプエリアをつくりました。

幸運なことに、今住んでいる町は移住支援施策を行っていて、1年間家賃補助が出ます。しばらく東京から通いながらログハウスをつくっていましたが、ついに移住しました。

現在は八ヶ岳BASEで、防災サバイバルキャンプ、きのこ狩りキャンプなどさまざまな野外イベントを企画しています。

2021年に「情熱大陸」というTV番組に出たことで予約が殺到するようになり、古くからの常連さんが予約を取れないことが続きました。そのため今は新規の予約は制限しています。

私は事業を大きくすることには関心がなく、一生付き合える、アウトドアの仲間をつくりたいという気持ちから今の仕事を始めました。だから、新規のお客さんを増やすよりも昔からのお客さんを大事にしたいのです。

好きなことをして食べていければ満足

私にとって、成功の基準はお金ではありません。自分のスタイルで好きなことをして食べていければいい。

売上はそれほど大きくありませんが、自分が資本なのでコストはほとんどかかりません。贅沢ではなくても十分暮らしていけます。

仕事は人生のかなりの時間・労力を占めるものです。その仕事がやりたくもなくさして興味もなく、ただ食べるためのものではもったいない。好きなことで、生きる意味を見出せる仕事を自分でつくり、その仕事で食べて暮らしていければ最高の人生だと思います。

ひとことコメント

伊澤さんは自然体で自分のやりたいことだけを追求してきた人。たくさんお客さんを増やすより、数人の常連さんと深く濃く一生付き合える親友のように関わっていきたい、そのためのプライベートキャンプ場をつくりたいとずっと言っていて、本当に実現してしまった。自分の世界観をしっかりもっていて、常に軸がぶれていない。それが彼の強みであり成功の秘訣だと思います。

じぶん旅プランナー

田辺 一宏さん

File No.4

【好きなこと×できることで商い】

役職定年をきっかけに旅行業という未知の分野で商い

57歳の役職定年をきっかけに退職を決意。学生時代に旅行が好きだったことを思い出し、こだわりのある個人旅行を提案する旅行会社を開業。5年目にコロナで廃業の危機に。めげることなく中古住宅を購入し女性の障がい者を対象としたグループホームをスタート。軌道に乗せています。

DATA

以前の職業：会社員（メーカー／海外営業）
会社名：トリップパートナーズ株式会社／一般社団法人アゴラ福祉会 アイリスホーム
業種：個人旅行業／障がい者グループホーム
年間売上：1500万円／1500万円
自分軸：人との関わりの中で人生を生きる。元気なうちは生涯現役で

商いの理念

旅行業：オーダーメードの旅行プランを提案し、思い出に残る旅を提供。海外研修旅行で社会貢献。
グループホーム：利用者一人ひとりの個性・自主性を尊重し、安心して生活できる居場所を提供し、その人らしい生き方を応援する。

人生で一番ワクワクしたことを思い出し起業

57歳で役職定年。以前は海外を飛び回り権限のある仕事もしていましたが、前線をはずれて事務職に。定年延長で会社に残っても給料は激減し、モチベーションも低下したため、60歳で退職して起業しようと決意。なにをすればいいか、情報収集を始めた中で三宅団長に出会いました。

当初はなにで起業するかまったくイメージがなく、仕事で使ってきた英語を活かし、英会話教室をやろうと考えていました。ところが「得意なことから発想するのではなく、好きなことを探したほうがいい」と三宅団長。「人生60年間で一番ワクワクしたことはなにか？」と、自分の過去を掘り下げてみました。すると、学生時代にお金を貯めて1年間、海外でバックパッカーの旅をしたことを思い出したのです。

旅行業なら自分もたのしめて得意な英語も活かせます。民泊を利用して長期滞在中心の個性的な旅をしたいという人を対象に、こだわりのツアープランを提供する個人旅行会社をオープンしようと決めました。

まったくの素人から情報収集、資格取得、認可、開業

会社員を続けながら開業準備を開始。旅行業につい

開業までのヒストリー

2011年4月	役職定年で仕事へのモチベーションダウン
2013年3月	FAAに通い始める
2013年10月	個人旅行業で開業を決意
2014年4月	退職
2014年6月	通信講座で旅行業務取扱管理者の勉強開始
2014年10月	同資格取得
2014年11月	開業（60歳）
2020年9月	コロナでピンチに。中古住宅を購入しグループホームをスタート。

開業準備

※旅行業の事例

準備期間

約1年

準備内容

- 開業資金の貯金
- 業界の情報収集
- 必要な資格取得
- 同業・異業のネットワークづくり
- ホームページ制作

購入したもの

- パソコン
- ネットワーク環境
- カフェセミナー用ミニプロジェクター

てはまったくの素人でしたので、まずは情報収集から始めました。旅行業は国または自治体の認可が必要で、供託金（営業保証金）も用意しなければなりませんが、第三種旅行業者であれば都道府県知事の認可で起業でき、供託金も300万円ですむことがわかりました。また、営業を行うには、旅行業務取扱管理者の資格が必要なため、急いで退職し、4カ月間、通信講座で集中して勉強し資格取得。その2カ月後に会社を設立し、翌月には旅行業の認可も得ました。

店舗は構えず 初期投資を最小限に

店舗は構えず、自宅を事務所としました。ホームページを知人につくってもらい、営業はオンラインのみ。当時は大手旅行会社も実店舗を減らし、オンラインでの営業にウエートを置くようになりつつあったので、実店舗がなくても不利だとは思いませんでした。むしろ、店舗をもたなかったことで、初期費用がかからず、また、家賃などの固定費もかかりません。実店舗があれば留守にはできないためスタッフも必要になりますが、その費用も不要。さらに、オンラインだからこそ、全国のお客様をターゲットにできます。

集客には試行錯誤

私が提供するのは、お客

▲HPでは旅行や英会話、シニアの第二の人生などのテーマでコラムを多数公開中。▶開業資金や固定費を圧縮するため自宅の一室をオフィスに。

◀▲少人数限定でオリジナルの旅を提供。同行しガイド役も。オーダーメードだからこそ車椅子の人も参加できる旅ができた。

様の希望を聞いてプランを立てるオーダーメードの旅。民泊に泊まって、海外で暮らすように長期滞在するプランが特徴で、希望があれば同行してガイドもします。大手旅行会社ではできない自分らしい旅ができると好評でリピート客も多いです。

しかし、当初の集客には苦労しました。旅行好きの集まるウェブサイトで、旅行説明会を開催したときは、多くの方が集まってくれましたが受注にはつながりませんでした。そのサイトに集まるのは少しでも安く旅ができることに関心がある人達だったからです。

家の近くの駅前で妻といっしょにチラシを配ったこともありますが、ほとんど

資金繰り ※旅行業の事例

開業資金	
供託金	300万
予備費(仕入資金)	330万
HP作成・維持	30万
備品・消耗品費	20万
広告宣伝費	20万
合計	700万円

運営資金	
人件費(自分の給料)	300万
税理士顧問料	25万
HP維持、パソコン等	30万
出張旅費	30万
合計	385万円

資金調達	
自己資金	700万
借入	0
合計	700万円

直近の年間収支(概算)	
収入	1500万
支出※	1500万
収支	0

※給与、添乗員日当、出張旅費含む

家賃や人件費などの固定費をかけず借入金もゼロで起業。コロナのピンチも乗り越え、収支トントンでたのしく働いています(田辺)

反応なし。地元だけで、オリジナルの海外旅行に関心がある人を探すのは難しいと実感しました。

状況が変わったのは、開業して2～3年経った頃です。私は、同業者の会などに参加してネットワークを広げていましたが、その中で、営業は得意だが、オリジナルの旅行を提供するノウハウがないという人に出会いました。その人と互いの得意を出し合って協力することで、安定的に顧客が得られるようになりました。

同窓会にも積極的に参加して、会社向けに研修旅行をやりたいという大学の同期とつながり、海外での研修旅行をコーディネートするサービスを開始。これである程度の定期収入を得られるようになりました。

ピンチ！ コロナで売上ゼロに

開業5年目に危機に瀕します。コロナですべての海外旅行がキャンセルになり、新規のお客様もゼロ。収束の兆しは見えません。しかし、じっとしていても仕方がありません。

私の妻は障がい者の法定後見人をしていましたが、障がい者女性専用のグループホームがなくて困っていると聞き、これはビジネスになるかもしれないと直感。コロナの持続化給付金と貯金で中古住宅を購入し、グループホームを始めることにしました。もし失敗して

成功の秘訣

- ビジネスの方向性を間違えない（好きなことを追求）
- ネットワークをつくり助け合える態勢をつくる
- 「顧客がこれにお金を払う価値があるか」と問い続ける
- 壁はあるものと覚悟し、解決の選択肢を用意しておく

も中古住宅を売ればいいのでさほど不安はありませんでした。福祉関係の知識はまったくなかったので、旅行会社のときと同様、同業者の集まる会に参加し、情報収集やネットワークづくりから始めました。

中古住宅は旅行会社名義で購入し、家賃は旅行会社の収入として計上。旅行会社のほうも存続できるようになりました。

継続していく秘訣

今、まがりなりにもビジネスがうまくいっているのは、好きなこと＝旅行業をやる、という最初の方向づけが良かったからだと思います。英会話教室をやっていたら途中でやめたかもしれません。

私の場合は、海外旅行×英語×福祉×研修というように、好きなことと得意なことのかけ合わせから商いの種を見つけました。掛け合わせるネタが多いほど、とがった商いになり、それは強みになると思います。

リアル・オンライン問わず、いろいろな場に顔を出して出会いをつくっていくことも重要です。安定的に顧客が得られるようになったのも人との出会いのおかげですし、ホームページをつくってもらったり、補助金や助成金の情報、法律の知識など、いろいろな人に助けていただいています。

会社を経営していくと、常に壁にぶちあたります。壁はあるものだと腹をくって、どう乗り越えられるかという選択肢を普段から考えておくこと。そのためにはいろいろな情報や人とのつながりにアンテナを張っておくこと。また一つの方法に固執せず、柔軟な考えをもつことも大事な心構えだと思います。

ひとことコメント

好きなこと×やってきたことで、他にないサービスを生み出し、リアル店舗を持たずリスクを最小限に抑えて商いを継続している好例。コロナにもめげず未知の分野で商いを起こすバイタリティには脱帽。69歳とは見えないほどエネルギッシュな田辺さんの事例は「人は何歳になってもチャレンジできるんだ」と、勇気を与えてくれます。

介護／福祉
人材育成コンサルタント
岩見 俊哉さん

File No.5

【トライ＆エラーで挑戦し続ける】

成功した人から学び 徹底的に行動する 失敗しても再挑戦

38歳のときに、北欧式マッサージのサロンを開業。売上を上げるため、会社員時代のノウハウを活かし、1500万円の資金で介護事業所を開設するも、スタッフとの対立などから事業を断念。その失敗経験を活かし、介護／福祉人材育成コンサルタントとして再スタート。

DATA

以前の職業：会社員（福祉系・管理職）
会社名：株式会社MAST
業種：福祉人材育成コンサルタント
年間売上：1800万円
自分軸：学びこそが情熱

商いの理念

医療・介護・福祉業界で15年以上の経験、年間100本以上の研修実績と大手介護事業者との業務提携などの実績をもとに、現場の課題抽出と解決策を提案。介護・福祉業界を中心に組織の「人材で苦しむ」をなくします。

起業して失敗しても死ぬことはない

学生時代から、医療・介護・福祉業界関連の業務に携わり、大手福祉系企業で管理職まで務めましたが、30代の半ばを過ぎ、大きな会社の中で自分の個性を発揮することの難しさを感じていました。自分が自分の判断で本気で仕事に取り組んだらどんなことが実現できるのか試してみたいと思いました。

まだ子どもが小さかったのですが、妻も働いていましたし、日本には生活保護制度があるので失敗しても死ぬことはないと思い、起業にチャレンジしようと決意しました。

無店舗でマッサージサロンを開業

理学療法士の資格をもっていたことから、会社員時代に北欧を視察して興味をもっていたスウェーデン式マッサージを学び、心も体もリラックスできるサロンを開業しようと考えました。

初期投資を抑えるため店舗は構えず、レンタルスペースを借りてマッサージのサービスを提供しました。最初は知人にお試しで来てもらい、少しずつ口コミで広めていきました。月10件くらいは予約が入るようになりましたが、それだけでは生活できず、過去の経験や資格を活かして訪問看護のアルバイトをしたり、貯金

開業までのヒストリー

2013年　亀田総合病院（千葉）新病棟立ち上げに携わる
2014年　福祉系企業で有料老人ホームの運営や人材育成
2015年　独立し、スウェーデン式マッサージサロンを開業（38歳）
2016年　介護事業所を立ち上げ
2019年　人材面や収支面で苦労し事業転換
介護事業所を売却
人材育成コンサルタントとして再出発。株式会社MASTを立ち上げる

開業準備

準備期間
約1カ月

準備内容
- 同業者で成功している人に話を聞く
- 研修エージェントに登録
- 見込み顧客にヒアリング・ニーズ調査
- ホームページ制作

購入したもの
- パソコン
- ネットワーク環境

を切り崩す生活でした。

食べていくために介護事業所をスタート

サロンだけでは家族を養えないと実感し、会社員時代の経験やネットワークを活かして介護事業所を新たに設立しようと決意。日本政策金融公庫から1000万円、親族から500万円を借り入れ2016年に開業しました。

社員との対立に苦しみ事業を売却

介護事業所は開業当初から好調で、3年間で社員30名の会社に成長しました。しかし、従業員にはいろいろな価値観や考え方の人がいてマネジメントに苦労しました。需要はどんどん増えて売上も上がっていたので、「もっと事業を拡大したい」という私の想いと、「会社を大きくするよりお客様との信頼関係を大事にしたい」「そんなに忙しく働きたくない」という社員の気持ちとがどんどん乖離して、ついに6名の社員が一度に辞めるという最悪の事態に。仕事に穴をあけるわけにはいかないので、知人のつてを頼ったり、人材エージェントに高額な手数料を支払って人を手配しました。資金が足りず、泣く泣く車を売ったことも。ストレスで体調もくずして、その頃は一番辛かったですね。その後、この失敗経験を活かし、新たな体制で再

資金繰り

※人材育成コンサルタントの事例

開業資金	
物件取得費	30万
内装工事費	0
設備費	0
備品・消耗品費	0
広告宣伝費	0
合計	30万円

運営資金	
人件費	0
賃貸料	4万
水道光熱費	0.5万
合計	4.5万円

資金調達	
自己資金	200万
借入※	700万
合計	900万円

※新規事業拡大のため、コロナ禍の低金利時に借入

直近の年間収支（概算）	
収入	1800万
支出	非公開
収支	非公開

介護事業所を経営していたときは、人件費や人材の募集・採用にかなりお金がかかったにもかかわらず、良い人材を得るのに苦労。それが現在の事業のヒントになりました（岩見）

出発したのですが、これが自分の続けたい仕事ではない気もしていました。結局、2019年にM&Aで事業所を売却しました。

自分が人材の育成やマネジメントに苦労した経験を活かし、「『人材で苦しむ』をなくす！」をスローガンに、医療・介護・福祉の人材育成コンサルタントとして新たにビジネスをスタート。このときは、初期費用はほぼゼロで始めました。

顧客開拓は行動あるのみ

力を入れたのは顧客開拓です。テレフォンアポイント（テレアポ）はよくやりました。テレアポには2つの関門があります。1つは、電話口から担当者につないでもらうこと。門前払いをされないよう、短時間で「重要な要件のようだ、担当者につながなければ」と思ってもらわなければなりません。事前に台本をつくって試行錯誤しながらコツをつかんでいきました。

次の関門は、担当者に「この人は当社にとって必要な人間だ」と思ってもらうこと。そのために、いきなり商材の説明をするのではなく、まず相手の困りごとや課題を聞き出すことに注力しました。メールアドレスを聞き出し、電話を切った後は、今聞いた先方の課題をまとめ、その課題に対し自分はなにができるかを書き、「よかったら体験してみませんか」とメールをし

▲最近の岩見さん。セミナー講師として登壇することも多い。

▲介護事業所を運営していた頃のスタッフたちと。

▲株式会社MASTを立ち上げてから。介護関連事業者や医療・看護スタッフ等に向けて講習を行っている。

▶北欧式マッサージサロンを運営していた頃。

ました。そこまでする人は多分あまりいないので、大きなインパクトがあったと思います。「わかりやすくまとめていただいて助かった」などの返信をいただけたり、次回に会う約束を取り付けたりと、次につながっていきました。

テレアポは、業界の動向やニーズを知るためにも大変有効で、顧客の声を聞きながら、サービスの内容もかためていきました。

研修後のフィードバックでリピーターを獲得

お客様から研修を受注し、研修を実施してもそこで終わりではありません。競合がたくさんある中で、リピートしていただくためには

成功の秘訣

- 成功している人に話を聞く
- 営業は準備をしっかりして徹底的に行動する
- 商材をアピールするよりお客様の困りごとに耳を傾ける
- お客様やビジネスパートナーと良い人間関係をつくる
- 一緒に仕事をしたいと思われる人間になる

工夫が必要です。研修後にオンラインミーティングの機会を設け、「今回の研修ではここまで達成できました。次回はここを目指しましょう」と、現状の確認やこの先の目標などを言語化して伝えました。ここまですれば、別の会社に変えるより当社に継続して頼んだほうがメリットがあると感じていただけるからです。

人から学び人の話をよく聞くこと

成功の秘訣は、とにかく行動すること。もしうまくいかないことがあれば、必ず原因があるので、それを改善するために行動をする。

また、うまくいっている人から学ぶことも大事です。私は事業をスタートする前は必ず同業他社をネットで調べ、「話を聞かせてください」とメールをしました。皆、惜しげもなくノウハウを話してくれました。

ある程度やってみて気づいたのですが、ビジネスは、自分がやりたいことだけでは難しい。最初は皆、こだわりをもって起業すると思いますが、重要なのは、お客様がなにを求めているか。自分のやりたいことと、お客様の求めていることが乖離していたら商売として成立しないので、両者をいかに近づけていくかがポイントです。そのためには、お客様としっかり対話をして、なにに困っているか、自分はそれに対してなにができるかを突き詰めていくこと。そして、どんな人なら一緒に仕事をしたいと思ってもらえるか、仕事を紹介したい、リピートしたいと思ってもらえるかを常に考えて行動することも重要だと思います。

ひとことコメント

成功した人に話を聞きに行く、徹底的にテレアポをする、顧客のニーズを言語化するなど、商いの基本をここまでやった人はあまりいないのではないでしょうか。１つめのサロンでは家族を養えないと判断し、介護事業所を立ち上げ、その後、人材面で苦労をしてまた別の事業を始めた岩見さん。１つのことに固執せず事業を転換していく柔軟な姿勢も参考にしてほしいポイントです。

保育園経営
小貫 達郎さん

File No.6

【退職前から着々と商い準備】

大儲けしなくても自分を75歳まで養えれば成功

20年以上の会社員生活に終止符を打ち、こつこつ貯めた自己資金で保育園事業をスタート。子どもと地域に関する仕事をしたいという想いを実現。会社員を辞めず定収入を得ながら起業準備ができたことは成功のポイント。大儲けをするよりも好きな仕事で生涯自分を養えることが目標。

DATA

以前の職業：会社員(インターネット関連／企画・運用)
会社名：すくすく株式会社(すくすく行徳ほいくえん、すくすく北習志野ほいくえん、すくすく原木中山きっずサポート)
業種：保育園、療育施設
年間売上：1億1000万円
自分軸：自分を自分で養っていくための仕組みをつくる

商いの理念

保育を通じて子育てがしやすい豊かな地域社会づくりに貢献する。子ども一人ひとりに寄り添ったていねいな関わりを大切にする。

サバティカル休暇が行動を起こすきっかけに

千葉県市川市と船橋市で0~2歳児のお子さんを預かる小規模保育園を運営しています。以前は、生命保険会社、新聞社勤務を経て、12年間インターネット関連の会社に勤めていましたが、将来は自分で事業を行いたいとずっと考えていました。しかし、なんの事業で起業するかはなかなか定まらず、三宅先生のスクール(FAA)に通い始めました。周囲にはすぐに起業して卒業していく人、何年も迷って卒業しない人がいて、私は後者の方で、4年くらい迷っていました。

そんなある日、勤めていた会社がサバティカル休暇という制度を導入し希望者を募っていました。これは、新しいことを学んだり自分を見つめ直すなど、自由な目的で長期休暇が取得できる制度で、勤続10年以上の社員が対象でした。私はこれに手を挙げ、3カ月間の休暇を得ました。ここで、「3カ月で起業をしよう」と、ようやく期限を切ることができました。

「育児は人生を豊かにする」という気づきが発端

保育園を始めようと思ったのは、自分自身が子どもをもち、妻が仕事と育児の両立に苦労しているのを見て、自分も積極的に子育て

開業までのヒストリー

1995年	大学卒業・就職
2013年	FAAに通い始める
2016年11月 ～翌1月	サバティカル休暇
2017年2月	復職・仕事と並行して起業準備
5月	有給休暇で起業準備を本格化
	1つ目の保育園を開設、施設長に就任（46歳）
2020年	1つ目の保育園を認可施設に移行し、新たに施設長となるスタッフを採用。自身は外の保育園に働きに出る
2021年	2つ目の保育園を開設（認可）、施設長に就任。2つの保育園を経営
2023年	2つの保育園の間の場所に、児童発達支援施設（療育）を開設。現在は保育園の施設長を務めながら、法人代表として2つの保育園と療育施設を経営する

開業準備

準備期間

約半年

準備内容

- 保育制度について勉強
- 保育施設の物件探し
- 保育士の募集・採用
- 保育事業開始のための申請
- ホームページ制作

購入したもの

- パソコン
- ネットワーク環境
- 家具・什器・備品・保育用品

に関わるようになったことがきっかけです。子育てを通じて地域とのつながりや周囲の助けを感じ、育児に関わることは自分の人生を豊かにしてくれると感じました。もし事業をするなら子どもや地域に関わることがしたいと漠然と思っていました。待機児童は社会課題でもあり、取り組む価値があるとも感じました。

会社員の特権を最大限活用してから退職

長期休暇中は、起業や保育制度について勉強しました。また、地域の子育て環境は国の施策とも関わりが大きいため、政治経済塾にも通いました。ここには政治家を目指す人だけでなく、NPOや市民活動を行っている人、社会課題に関心の高い人などが多く、大変勉強になりました。

サバティカル休暇が終わって復職し、退職の意思を会社に伝えました。これで後には引けなくなりました。2月に復職し4月までは仕事と並行して起業準備。5月から1カ月の有給休暇を取り、その間は本格的に準備をし、有給休暇が終わると同時に退職。

サバティカル休暇中には、開業資金をつくるためにマンションを売却し、新たにローンを組んで家を買い替えました。会社員のうちのほうがローンが通りやすいからです。会社には申し訳ないですが、会社員の

◀▲保育園の様子。安心できる環境で、子どもの意欲を育むことを大事にしている。

▲０・１・２歳の子どもたちがのびのび生活している。

▲クリスマスには園長自らがサンタ・クロースに扮する。

特権を最大限に利用して退職し、起業しました。

保育園開設までの道

　保育園開設まではやるべきことがたくさんありました。まず、保育施設の確保、保育士の募集・採用、保育園を設置するために自治体に提出する申請書や認可に必要な書類の準備など。小規模保育園にしたのは、認可の条件が比較的易しかったからです（最初は認可外の保育園を開設し、後に認可を得ました）。

　保育施設を取得するための資金も必要です。私は早くから、いずれは自分で事業をすると決めていたので、こつこつ貯金をしていました。また、家を買い替

資金繰り

開業資金	
物件取得費	
内装工事費	
設備費	
備品・消耗品費	
広告宣伝費	
合計	非公開

運営資金	
人件費	
賃貸料	
水道光熱費	
給食費	
合計	非公開

資金調達	
自己資金	2000万
借入	5000万
合計	7000万円

直近の年間収支(概算)	
収入	1.1 億円
支出	1.1 億円
収支	0

子どもの数によって赤字になったり黒字になったり。新しい施設をつくればまた赤字に。トータルで収支トントンならいいと思っています（小貫）

えた際にマンションが高く売れ、少し差益が出ました。それらを合わせて２０００万円。あとは、日本政策金融公庫と、独立行政法人福祉医療機構、地方銀行から合計５０００万円を借り入れました。

保育園運営は、スキルもノウハウもないので経験者に聞いたり、自分でやりながら学んでいきました。

保育園の台所事情

保育園の主な収入は、利用者からの保育料と国・自治体からの委託費や補助金などです。定員は16人。月によって預かるお子さんの数は異なるので収入はなかなか安定しません。

保育園の必要経費の大部分は保育士の人件費。当園では正社員がほとんどなので、預かるお子さんの数が多くても少なくても、同じ人数の保育士さんに来ていただいています。子どもたちに安心安全な環境を提供するためには、保育士さんたちが安心して働ける環境が必要だと考えているからです。「今月は子どもが少ないので来なくていい」というようでは安心して長く働いてもらえません。

しかし、預かるお子さんが少ない月は、保育士さんが過剰になります。売上は減るのに人件費はかさみ、経営的には苦しい。そこで、もう１つ保育園を開設することにしました。お子さんの数の増減があっても、２

成功の秘訣

- 会社員として給料を得ながら準備ができた
- こつこつ貯金をして自己資金があった
- 事前に保育事業について勉強し、事業計画書もしっかりつくっていた
- 働く環境を良くして従業員（保育士）を確保
- 妻も働いていて家計が2馬力だった

つの園で人員を融通し合えば保育士さんの過不足を吸収できると考えたのです。

成功の定義とは

現在、2つの保育園と療育施設を運営し、売上は1億1000万円。しかし人件費がかかりますので利益はほとんど残りません。そもそも、保育園は大きく儲かるビジネスではありません。私は保育園事業をビジネスとしてやっているというよりは、「好きなことを仕事にして、75歳くらいまで自分を養っていくことができる仕組みをつくったのだ」ととらえています。事業を大きくしなくても、75歳まで継続していれば成功だと思っています。また、最初の保育園は今生活している地元に、2つめの保育園は自分の育った地元（実家近辺）に、そしてそれらの中間地点に新たな療育施設を設立しましたが、地元を軸に地域貢献していくことも私のこだわりです。

自分のことを自分で決められる人生に満足

保育士を集め、まとめる、離職を防ぐ、資金繰り、自治体の認可を得る、また資金繰り…。振り返ればピンチの連続です。最終的には自分で乗り越えるしかないので、常に不安はあります。しかし、しんどくても自分で決めて自分で実行できることは幸せです。20数年間、人のつくった組織に所属して人から給料をもらうという生活をしてきましたが、自分の働く場や自分の処遇は自分で決めたい。他人に左右されることのない人生に満足しています。

ひとことコメント

会社を辞めずに準備を進め、会社員のメリットをフルに使ってスタートした小貫さんのやり方はぜひ参考にしてほしいです。本書では初期投資を極力少なくした小商いのすすめを説いてきましたが、自己資金はあるに越したことはありません。お金がなければチャンスがきたときに乗っかることができないからです。小貫さんが、なにで商いをするか決まらないうちからこつこつ自己資金を貯めてきたことも見習いたいポイントです。

おわりに

本文の中でもちょくちょくふれてきましたが、今信州の森の中に小さな家を建てています。家だけじゃなく、1000坪弱のフィールド全体を自分の家と見立てて開拓しています。

森といっても最初は手つかずの山林でした。倒れた木がゴロゴロ、木も密集して薄暗いところもたくさん。倒木処理、間伐（間引きのこと）、草刈りをしながら土地を整え、道なき道をつくり、根と格闘し穴を掘って基礎を据え、土台を組み、柱、壁、屋根と1年以上かけて家の外形をつくりました。もちろん今までこんな経験かけらもありません。ズブの素人です。まさに「人生初」の作業の連続。やってみてうまくいかず「あちゃ～」の繰り返し。失敗を重ねながらだんだんやりたい姿が形になっていきました。

やってみないとわからないことだらけ。やるまでは躊躇するけど一歩踏み出すと意外にできた。今まで体験したことがない新しい学びと発見。前の日より少し成長できたと実感する。朝から日が沈むまで、今日できることに一点集中、没頭して、へとへとになるまで作業。シャワーを浴びて、ご飯とお酒を美味しくいただき眠りにつく。シンプルな毎日。

そんな暮らしで気づいたことは「余白」の大切さ。余白があると発想が広がるけど、余白がないとキャパオーバーになります。余計なものをそぎ落として、本当に必要なものだけを実践するのがベストと感じています。

森の暮らしづくりを手掛けて、「これって商いづくりと同じかも」と感じるようになりました。真っ白なキャンパスにゼロから自分が思い描く絵を描いていく。上手に描くなんて不要。創意工夫しながら何度も描き直す。自分の気持ちに素直になって、シンプルにやりたい姿へ向けて、走りながら修正邁進する。まさに自分でつくる人生そのものなのです。

今でこそこんなことをしていますが、46歳まで普通のサラリーマンを23年やっていました。組織人として数々の失敗を経て紆余曲折の歩み。最高のときからどん底までありました。その頃は会社がすべてと思い込んでいました。でも実はそうではないんですね。もしあなたが会社員だとしたら、まずそのことに気づいてください。まだまだ見たことがない景色があります。だから横道にそれてみてください。ちょっと寄り道してみてください。そこには今まで気づかなかった小さな花が咲いています。

人生は何歳からでも自分の手でつくることができます。だれかに文句を言われることもなく、自分がやりたいように自分の責任でやり切る。そうまさに「セルフビルド」。人生をセルフビルドしようを合言葉に、笑顔でたのしく健康な毎日を一緒につくっていこうじゃないですか！

末筆になりましたが、イー・プランニングの須賀柾晶さんにはすばらしいご縁をいただきました。いしぷろの石井栄子さんには、会話のキャッチボールの中から散らかった頭を見事に整理していただきました。メイツ出版の小此木千恵さんにはこだわりと想いを真摯に受け止めていただきました。いつも応援してくれる子どもたち、そして愛ある叱咤激励でわがままな人生に付き合ってくれている妻に心から感謝し、筆を置きます。

2023年　夏　信州の森にて

三宅　哲之

【監修】三宅 哲之（みやけ てつゆき）
1964年広島生まれ。大手家電販社、ベンチャー、中小企業で23年間会社員として勤務。幹部候補生から左遷、降格、パワハラ、倒産、失業などジェットコースター人生を歩み46歳で独立。それまでのアップダウン経験を生かし、「働き方の多様化を実践するコミュニティ型スクール」フリーエージェントアカデミー（FAA）を立ち上げる。働きながら自律するハイブリッドキャリアプログラムを独自開発、「身の丈の一人商い」を特長にした生き方づくりを13年にわたり支援。今にモヤモヤを抱える会社員2200名強の相談対応、800人のコミュニティOBOG、300人の商人を輩出。信州の森の中を開拓拠点として、「場所を選ばない自由な暮らし方・生き方」を自ら実践。「人生セルフビルド」が合言葉。

■ 編集・制作：有限会社イー・プランニング
■ 編集協力：石井 栄子
■ DTP・デザイン：大野 佳恵

ワクワクを仕事に変える
「小さな商い」のはじめ方
人生が楽しくなる開業のすすめ

2023年 9 月5日　第 1 版・第 1 刷発行
2023年12月5日　第 1 版・第 2 刷発行

監　修　三宅 哲之（みやけ てつゆき）
発行者　株式会社メイツユニバーサルコンテンツ
　　　　代表者　大羽 孝志
　　　　〒102-0093　東京都千代田区平河町一丁目1-8
印　刷　株式会社厚徳社

◎『メイツ出版』は当社の商標です。

ご意見・ご感想はホームページから承っております
ウェブサイト　https://www.mates-publishing.co.jp/

企画担当：小此木 千恵